LA RÉVOLUTION DÉFIGURÉE

OUVRAGES DU MÊME AUTEUR

1922. NOUVELLE ÉTAPE *(Humanité)*.
ENTRE L'IMPÉRIALISME ET LA RÉVOLUTION *(Humanité)*.

1923. 1905 *(Humanité)*.
TERRORISME ET COMMUNISME *(Humanité)* *(épuisé)*.

1924. JEAN JAURÈS *(Humanité)*.
COURS NOUVEAU *(Librairie du Travail)*.

1925. LÉNINE *(Librairie du Travail)*

1926. OU VA L'ANGLETERRE *(Humanité)*.
EUROPE ET AMÉRIQUE *(Humanité)*.

LÉON TROTSKY

LA RÉVOLUTION DÉFIGURÉE

M.CM.XXIX

LES ÉDITIONS RIEDER

PARIS

AVANT-PROPOS

Toutes les notes signées L. T. sont de Léon Trotsky

L E présent volume retrace les étapes de la lutte de
six années que la fraction dirigeante poursuit actuellement dans l'U. R. S. S. contre l'Opposition de gauche
(bolchévik-léniniste) en général, et contre l'auteur de ce
livre en particulier.

Une grande partie de ce volume est consacrée à réfuter les
accusations et les calomnies grossières dirigées contre moi
personnellement. Quelle est donc la raison qui m'autorise
à importuner l'attention du lecteur avec ces documents ?
Le fait que ma vie est assez étroitement liée aux événements
de la Révolution ne saurait par lui-même justifier la publication de ce livre. Si la lutte de la fraction Staline contre
moi n'était qu'une lutte personnelle pour le pouvoir, l'histoire
de cette lutte ne renfermerait rien de bien instructif : l'histoire
parlementaire abonde en luttes de groupes et d'individus
pour le pouvoir au nom du pouvoir. La raison est tout autre,
elle vient de ce que la lutte des individus et des groupes dans
l'U. R. S. S. fait indissolublement corps avec les diverses
étapes de la Révolution d'Octobre.

Le déterminisme historique ne se manifeste jamais avec
autant de force qu'en période révolutionnaire ; celle-ci, en effet,
met à nu les rapports de classes et porte les problèmes et
les contradictions à leur plus haut degré d'acuité. En de
telles périodes, la lutte des idées devient l'arme la plus directe
des classes ennemies ou des fractions d'une seule et même
classe. C'est précisément ce caractère qu'a revêtu, dans la
Révolution russe, la lutte contre le trotskysme ». Le lien qui
relie des raisonnements parfois essentiellement scolastiques
aux intérêts matériels de certaines classes ou couches sociales
est apparu, en l'espèce, tellement évident, qu'un jour viendra

où cette expérience historique fera l'objet d'un chapitre spécial dans les manuels scolaires du matérialisme historique.

La Révolution d'Octobre se divise, par la maladie et la mort de Lénine, en deux périodes qui se différencieront d'autant plus nettement l'une de l'autre que nous nous en éloignerons davantage. La première période fut l'époque de la conquête du pouvoir, de l'institution et de l'affermissement de la dictature du prolétariat, de sa défense militaire, des actes essentiels auxquels elle dut recourir pour déterminer sa voie économique. L'ensemble du Parti a conscience, à ce moment, d'être le pilier de la dictature du prolétariat ; c'est dans cette conscience qu'il puise son assurance interne.

La deuxième période est caractérisée par des éléments croissants d'un dualisme du pouvoir dans le pays. Le prolétariat qui a conquis le pouvoir en Octobre, par suite d'une série de causes matérielles et morales, d'ordre intérieur et extérieur, est écarté, refoulé à l'arrière-plan. A côté de lui, derrière lui, parfois même devant lui, se hissent d'autres éléments, d'autres couches sociales, des fractions des autres classes qui accaparent une bonne part, sinon du pouvoir, du moins d'influence certaine sur celui-ci. Ces autres couches : les fonctionnaires de l'État, des syndicats professionnels et des coopératives, les gens de profession libérale et les intermédiaires, forment de plus en plus un système de vases communiquants. En même temps, par leurs conditions d'existence, par leurs habitudes et leur façon de penser, ceux-ci sont séparés du prolétariat ou s'en séparent de plus en plus. Là, en définitive, doivent être également rangés les fonctionnaires du Parti, pour autant qu'ils forment une caste fortement constituée qui, moins par des moyens intérieurs de Parti que par les moyens de l'appareil (1) d'État, assure sa propre inamovibilité. Par son origine et ses traditions, par les sources de sa force

---

(1) On désigne sous ce terme en Russie l'ensemble des cadres, soit du Parti soit de l'État. Le mot « appareil », fort souvent employé, signifie l'ensemble des fonctionnaires.

actuelle, le pouvoir soviétique continue à s'appuyer sur le prolétariat, bien que sous une forme de moins en moins directe. Mais, par le canal des couches sociales ci-dessus énumérées, il tombe de plus en plus sous l'influence des intérêts bourgeois. Cette pression se fait d'autant plus sensible qu'une grande partie non seulement de l'appareil d'État, mais aussi de l'appareil du Parti, devient sinon l'agent conscient, du moins l'agent bénévole des conceptions et des espérances bourgeoises. Quelle que soit la faiblesse de notre bourgeoisie intérieure, elle a conscience, avec juste raison, d'être une fraction de la bourgeoisie mondiale, et elle constitue le mécanisme de transmission de l'impérialisme mondial. Mais même la base intérieure de la bourgeoisie est très loin d'être négligeable. Dans la mesure où l'économie rurale se développe sur les bases individuelles du marché, elle fait fatalement sortir de son sein une nombreuse petite bourgeoisie rurale. Le moujik enrichi ou le moujik qui ne cherche qu'à s'enrichir et qui se heurte aux barrières de la législation soviétique, est l'agent naturel des tendances bonapartistes. Ce fait, démontré par toute l'évolution de l'histoire moderne, s'est une fois de plus vérifié dans l'expérience de la République soviétique. Telles sont les origines sociales des éléments de dualité du pouvoir qui caractérisent le deuxième chapitre, postérieur à la mort de Lénine, de la Révolution d'Octobre.

Il va sans dire que même la première période — 1917-1923 — n'est pas homogène d'un bout à l'autre. Là aussi, il y a eu non seulement des mouvements en avant, mais des reculs. Là aussi, la Révolution a fait d'importantes concessions : d'une part à la classe paysanne, d'autre part à la bourgeoisie mondiale. Brest-Litovsk fut le premier recul de la Révolution victorieuse. Après quoi, la Révolution reprit sa marche en avant. La politique de concessions commerciales et industrielles, si modestes que soient jusqu'à présent ses résultats pratiques, constitua en principe une sérieuse manœuvre de recul. Cependant, le plus grand recul fut, d'une façon générale, la nouvelle politique économique (la Nep). En rétablissant le marché, la Nep a, par cela même, recréé des conditions susceptibles de faire revivre la petite bourgeoisie et de convertir certains de ses éléments et de ses groupes en moyenne bourgeoisie. En somme, la Nep recélait des possibilités de dualité du pouvoir. Mais elles n'existaient encore que dans le potentiel économique. Elles ne déployèrent une force réelle que dans le deuxième chapitre de l'histoire d'Octobre, dont en général le point de départ se trouve dans la maladie et la mort de Lénine et le début de la lutte concentrée contre le « trotskysme ».

Il va sans dire que, par elles-mêmes, les concessions aux classes bourgeoises ne sont pas encore une violation de la dictature du prolétariat. En général, il n'existe pas, dans l'histoire, de domination de classe d'une pureté chimique. La bourgeoisie domine en s'appuyant sur les autres classes, en se les assujettissant, en les corrompant ou en les intimidant. Les réformes sociales en faveur des ouvriers ne constituent nullement en elles-mêmes une violation de la souveraineté absolue de la bourgeoisie dans un pays. Chaque capitaliste en particulier peut, certes, avoir l'impression de ne plus être complètement maître chez lui — c'est-à-dire à l'usine — obligé qu'il est de tenir compte des limites législatives de sa dictature économique. Mais ces limites n'ont d'autre but que de maintenir et de soutenir le pouvoir de classe dans son ensemble. Les intérêts du capitaliste isolé entrent à tout moment en contradiction avec les intérêts de l'État capitaliste, non seulement dans les questions de législation sociale, mais aussi dans les questions d'impôts, de dette publique, de guerre et de paix, etc. L'avantage reste aux intérêts de l'ensemble de la classe. Elle seule décide quelles réformes elle peut faire et dans quelle mesure elle peut les faire sans ébranler les bases de sa domination.

La question se pose d'une façon analogue pour la dictature du prolétariat. Une dictature d'une pureté chimique ne saurait

xister que dans un espace immatériel. Le prolétariat dirigeant est obligé de compter avec les autres classes et, selon
la proportion des forces à l'intérieur du pays ou sur l'arène
internationale, de faire des concessions aux autres classes
afin de maintenir sa domination. Toute la question repose
dans les limites de ces concessions et dans le degré de connaissance consciente avec laquelle elles sont faites.

La nouvelle politique économique revêtait deux aspects.
Premièrement, elle découlait de la nécessité pour le prolétariat lui-même d'utiliser, en vue de la direction de l'industrie
et, en général, de l'économie tout entière, les méthodes éla-
borées par le capitalisme. Deuxièmement, elle était une concession à la bourgeoisie, à la petite bourgeoisie en premier lieu,
pour autant qu'elle lui permettait de conduire son économie
dans les formes, qui lui sont essentiellement propres, de la
vente et de l'achat. En Russie, en raison d'une population
rurale prédominante, ce deuxième aspect de la Nep a été
d'une importance décisive. Devant l'arrêt du développement
révolutionnaire des autres pays, la Nep, en tant que recul
profond et durable, était inévitable. Nous l'avons appliquée
sous la direction de Lénine, en pleine unanimité. Ce recul
fut appelé un recul au vu et au su de tout le monde. Le Parti,
et par lui la classe ouvrière, en comprirent fort bien le sens
d'une façon générale. La petite bourgeoisie acquit, dans
certaines limites, la possibilité d'accumuler. Mais le pouvoir
et, par conséquent, le droit de déterminer les limites de cette
accumulation, restèrent comme auparavant entre les mains
du prolétariat.

Nous avons dit plus haut qu'il y a une analogie entre
les réformes sociales que la bourgeoisie dirigeante se voit
contrainte de faire dans l'intérêt du prolétariat, et les concessions que le prolétariat dirigeant fait aux classes bourgeoises.
Cependant, si nous voulons éviter des erreurs, il faut situer
cette analogie dans des cadres historiques bien définis. Le
pouvoir bourgeois existe depuis des siècles, il a un caractère

mondial, il s'appuie sur d'immenses accumulations de richess
il dispose d'un puissant système d'institutions, de liais
et d'idées. Des siècles de domination ont créé une sorte d'instir
de domination qui fut maintes fois, dans des conditions di
ciles, un guide sûr pour la bourgeoisie. Les siècles de don
nation bourgeoise furent pour le prolétariat des siècles d'oppr
sion. Il n'a ni traditions historiques de domination ni, à pl
forte raison, l'instinct du pouvoir. Il est arrivé au pouv
dans un des pays les plus pauvres et les plus arriérés de l'Euro
Cela veut dire que dans les conditions historiques présent
dans la présente étape, la dictature du prolétariat est ir
niment moins protégée que le pouvoir bourgeois. Une p
tique juste, une appréciation réaliste de ses actes
notamment, des inévitables concessions aux classes bo
geoises, sont pour le pouvoir soviétique une question de
ou de mort.

Le chapitre, postérieur à la mort de Lénine, de la Ré
lution d'Octobre, est caractérisé tant par le développem
des forces socialistes que par celui des forces capitalistes
l'économie soviétique. De leur proportion dynamique dép
la solution. Le contrôle de cette proportion est fourni, mo
par la statistique que par l'évolution quotidienne de la
économique. La profonde crise actuelle, qui a pris la for
paradoxale d'une disette de produits agricoles dans un p
agraire, est la preuve objective et certaine que les proporti
économiques essentielles sont rompues. Dès l'automne 1c
au XIIe Congrès du Parti, l'auteur de ce livre avait mis
garde contre les conséquences auxquelles peut aboutir
fausse direction économique : le retard de l'industrie provo
les « ciseaux », c'est-à-dire la disproportion entre les prix
produits industriels et agricoles, ce qui, à son tour, entra
l'arrêt du développement de l'agriculture. Le fait que
conséquences se soient réalisées ne signifie nullement en
l'inéluctabilité ou, à plus forte raison, l'imminence de
chute du régime soviétique. Il signifie uniquement — n

de la façon la plus impérative — la nécessité d'un changement de politique économique.

Dans un pays où les forces productives essentielles sont la propriété de l'État, la politique de la direction étatique constitue un facteur direct et, pour une étape déterminée, un facteur décisif de l'économie. Dès lors, toute la question est de savoir si ladite direction est capable de comprendre a nécessité d'un changement de politique, et si elle est en état de le réaliser pratiquement. Nous revenons ainsi à la question de savoir dans quelle mesure le pouvoir d'État se trouve encore entre les mains du prolétariat et de son parti, c'est-à-dire dans quelle mesure il continue à être le pouvoir de la Révolution d'Octobre. On ne peut répondre à cette question *a priori*. La politique ne possède pas de règles mécaniques. Les forces des classes et des partis se révèlent dans la lutte. Et la lutte est encore tout entière à venir.

La dualité du pouvoir, c'est-à-dire l'existence parallèle du pouvoir ou du semi-pouvoir de deux classes antagonistes — comme par exemple dans la période de Kérensky — ne peut s'éterniser longtemps. Une telle situation critique doit se résoudre dans un sens ou dans l'autre. L'assertion des anarchistes ou des anarchisants, que l'U. R. S. S. serait d'ores et déjà un pays bourgeois, est on ne peut mieux réfutée par l'attitude que la bourgeoisie elle-même, intérieure et étrangère, adopte à ce sujet. Aller plus loin que reconnaître l'existence d'éléments de dualité du pouvoir serait théoriquement faux, politiquement dangereux ; ce serait même un acte de suicide. Le problème de la dualité du pouvoir consiste donc, dans le moment présent, à savoir *dans quelle mesure* les classes bourgeoises se sont enracinées dans l'appareil d'État soviétique et *dans quelle mesure* les idées et les tendances bourgeoises se sont enracinées dans l'appareil du parti du prolétariat. Car, de ce *degré*, dépendent la liberté de manœuvre du Parti et la possibilité pour la classe ouvrière de prendre les mesures nécessaires de défense et d'attaque.

Le deuxième chapitre de la Révolution d'Octobre n'es
pas simplement caractérisé par le développement des position
économiques de la petite bourgeoisie des villes et des cam
pagnes, mais par un processus infiniment plus dangereux e
plus aigü de désarmement théorique et politique du prolétariat
s'opérant parallèlement à un accroissement de la confianc
des couches sociales bourgeoises en elles-mêmes. Conformé
ment au stade par lequel passent ces processus, l'intérê
politique des classes petites bourgeoises grandissantes a consis
té et consiste encore à masquer autant que possible leur avanc
à camoufler leurs progrès sous une couleur soviétique protec
trice et à représenter leurs points d'appui comme des partie
intégrantes de l'édification socialiste. Certains progrès, d'ailleur
importants, de la bourgeoisie sur la base de la Nep, étaien
inévitables, ils étaient d'autre part nécessaires aux progrè
du socialisme lui-même. Mais des gains économiques identiqu
de la bourgeoisie peuvent acquérir une toute autre importanc
et constituer un degré de danger bien différent, selon la mesur
où la classe ouvrière et, avant tout, son parti se font un
idée juste des processus et des déplacements qui s'opèrer
dans le pays, et tiennent solidement en mains le gouvernai
La politique est une économique concentrée. Dans la présen
étape, la question économique de la République soviétiqu
se résoud plus que jamais du point de vue politique.

Le vice de la politique postérieure à Lénine n'est p
tant d'avoir fait de nouvelles concessions importantes au
diverses couches sociales de la bourgeoisie à l'intérieur d
pays, en Occident et en Asie. Certaines de ces concessior
furent nécessaires ou inévitables, ne fût-ce qu'en raison d
fautes antérieures. Telles les nouvelles concessions qui fure
faites au koulak en avril 1925 : le droit d'affermer la terre
d'occuper de la main-d'œuvre. Certaines autres furent
elles-mêmes erronées, nuisibles, voire funestes. Telles
capitulation devant les agents bourgeois du mouveme
ouvrier britannique et la capitulation pire encore devant

bourgeoisie chinoise. Mais le principal crime de la politique postérieure à Lénine, et anti-léniniste, a été de présenter de graves concessions comme des succès du prolétariat, les reculs comme des progrès, d'interpréter l'accroissement des difficultés intérieures comme une avance victorieuse vers une société socialiste nationale.

Cette besogne, traîtresse au fond, de désarmement théorique du Parti et d'étouffement de la vigilance du prolétariat, a été accomplie au cours des six dernières années sous le couvert de la lutte contre le « trotskysme ». Les pierres angulaires du marxisme, les méthodes essentielles de la Révolution d'Octobre, les principales leçons de la stratégie léniniste furent soumises à une rude et violente révision, dans laquelle l'impatient besoin d'ordre et de tranquillité du fonctionnaire petit bourgeois renaissant trouva son expression. *L'idée de la révolution permanente*, c'est-à-dire du lien indissoluble et réel du sort de la République soviétique avec la marche de la révolution prolétarienne dans le monde entier, eut le don d'irriter par-dessus tout les nouvelles couches sociales conservatrices, intimement convaincues que la Révolution les ayant élevées au premier rang, elle avait de ce fait accompli sa mission.

Mes critiques du camp social-démocrate et démocrate m'expliquent, avec beaucoup d'autorité, que la Russie n'est pas « mûre » pour le socialisme, et que Staline a tout à fait raison de la ramener par des zigzags dans la voie du capitalisme. Il est vrai que ce que les social-démocrates appellent, avec une réelle satisfaction, la restauration du capitalisme, Staline l'appelle édification du socialisme national. Mais comme ils ont en vue le même processus, la différence de terminologie ne doit pas voiler à nos yeux l'identité du fond. En admettant même que Staline accomplisse sa besogne en connaissance de cause, ce qui, pour l'instant, ne saurait être le cas, il serait quand même obligé, afin d'atténuer les frictions, d'appeler socialisme le capitalisme. Or, moins il comprend les problèmes historiques essentiels, plus il procède

ainsi avec assurance. Sa cécité lui épargne en l'espèce
nécessité de mentir.

Cependant, la question n'est nullement de savoir si
Russie est capable, par ses propres moyens, d'édifier le soci
lisme. Pour le marxisme en général, cette question n'exis
pas. Tout ce qui a été dit à ce sujet par l'école stalinien
relève, au point de vue théorique, du domaine de l'alchimie
de l'astrologie. Le stalinisme, en tant que doctrine, est b
tout au plus à figurer dans un musée théorique d'histo
naturelle. L'essentiel est de savoir si le capitalisme est capal
de sortir l'Europe de l'impasse historique. Si les Indes so
capables de s'affranchir de l'esclavage et de la misère sa
déborder des cadres d'un progrès capitaliste pacifique. Si
Chine est capable d'atteindre le niveau de culture de l'An
rique et de l'Europe sans révolution et sans guerres. Si
États-Unis sont capables de venir à bout de leurs prop
forces productives sans ébranler l'Europe et sans prépa
une effroyable catastrophe guerrière à l'humanité tout entiè
Voilà comment se pose la question du sort ultérieur de
Révolution d'Octobre. Si l'on admet que le capitalisme contin
à être une force historique progressive, qu'il est capable
résoudre, par ses méthodes et ses moyens, les problèm
essentiels qui sont à l'ordre du jour de l'Histoire et de fa
monter l'humanité de quelques échelons encore, dès lors
ne saurait plus être question de transformer la Républiq
soviétique en pays socialiste. Dès lors, la structure socialis
de la Révolution d'Octobre serait vouée fatalement à ê
détruite pour ne laisser en héritage que les conquêtes agrai
démocratiques. Ce mouvement de descente de la révoluti
prolétarienne à la révolution bourgeoise serait-il exécu
par la fraction Staline, ou par une fraction de cette fractic
ou bien une — voire plus d'une — relève politique gér
rale serait-elle nécessaire ? Ce sont là des questions seco
daires. J'ai déjà écrit maintes fois que la forme politique
ce mouvement de descente serait, selon toutes probabilit

bonapartisme — et nullement la démocratie. Or, l'essentiel
t de savoir si, en tant que système mondial, le capitalisme
t encore progressif ? C'est précisément là que nos adversaires
cial-démocrates font preuve d'un utopisme pitoyable,
chaïque, impuissant — d'un utopisme de réaction, et non
progrès.

La politique de Staline est un « centrisme », c'est-à-dire
e tendance qui balance entre la social-démocratie et le
mmunisme. Les principaux efforts « théoriques » de l'école
Staline, laquelle n'est apparue qu'après la mort de Lénine,
t tendu à séparer le sort de la République soviétique du
veloppement révolutionnaire mondial en général. Cela
uivalait à vouloir affranchir la Révolution d'Octobre de cette
volution elle-même. Le problème théorique des épigones a
êtu la forme d'une opposition du trotskysme au léninisme.
Pour se débarrasser du caractère international du marxis-
, tout en lui gardant fidélité en paroles jusqu'à nouvel
re, il fallait, en premier lieu, tourner les armes contre ceux
furent les soutiens des idées de la Révolution d'Octobre et
l'internationalisme prolétarien. En l'occurrence, la première
ce a appartenu à Lénine. Mais Lénine est mort à la lisière
deux étapes de la Révolution. Il n'a pu, dès lors, défendre
uvre de sa vie. Les épigones ont découpé ses livres en
tions et c'est avec cette arme qu'ils se sont mis à combattre
Lénine vivant, en même temps qu'ils lui élevaient des
beaux, non seulement sur la place Rouge, mais jusque
s la conscience du Parti. Comme s'il prévoyait le sort
serait fait, à bref délai, à ses idées, Lénine commence
livre sur *l'Etat et la Révolution* par les paroles suivantes,
sacrées au sort des grands révolutionnaires : « Après leur
rt, on tente de les convertir en icônes inoffensives, de les
oniser pour ainsi dire, d'entourer leur nom d'une auréole
gloire pour la « consolation » des classes opprimées et pour
duperie, en même temps qu'on émascule la substance
leur enseignement révolutionnaire, qu'on en émousse

le tranchant, qu'on l'avilit. » (Édition russe, t. XIV, ch.
p. 299.) Il faut seulement ajouter à ces paroles prophétiq
que N. K. Kroupskaya (1) eut quelque jour l'audace de les j
à la face de la fraction Staline.

La deuxième partie de la tâche des épigones consist
représenter la défense ultérieure et le développement
idées de Lénine comme une doctrine hostile à Lénine.
mythe du « trotskysme » a rendu ce service historique. E
besoin de répéter que je n'ai jamais prétendu et que je
prétends pas créer une doctrine particulière ? En théc
je suis un élève de Marx. Pour ce qui est des méthodes
la révolution, j'ai passé par l'école de Lénine. Ou si l'on v
le « trotskysme » est pour moi un nom sous lequel les i
de Marx et de Lénine sont désignées par des épigones désir
de s'affranchir coûte que coûte de ces idées mais n'os
pas encore le faire ouvertement.

Le livre que voici montre une partie du processus i
logique par lequel la direction actuelle de la Républi
soviétique a changé son enveloppe théorique conformén
au changement de sa nature sociale. Je montrerai comm
les mêmes gens ont donné, du vivant de Lénine et aprè
mort, des mêmes événements, des mêmes idées et des mê
militants une opinion diamétralement opposée. Je suis obl
dans ce livre, de faire un grand nombre de citations, ce
je le constate en passant, est à l'encontre de ma man
littéraire habituelle. Cependant dans la lutte contre les hom
politiques qui, précipitamment, astucieusement, renient
passé le plus récent en même temps qu'ils lui jurent fidé
il n'est pas possible de se passer de citations, car en l'es
elles jouent le rôle de pièces à conviction évidentes et i
futables. Si le lecteur impatient se plaint d'être obligé de f
une partie de sa route à petites journées, qu'il veuille
considérer que s'il avait dû rassembler ces citations,

---

(1) Nadejda Konstantinovna Kroupskaya, femme de Lénine.

acher les plus édifiantes, et établir entre elles le lien poli-
ie nécessaire, cela eût demandé infiniment plus de travail
: de lire attentivement ces pièces maîtresses de la lutte
re deux camps à la fois si proches et si irréductiblement
oosés.

La première partie de ce livre est une lettre à l'Institut
orique du Parti et de la Révolution que j'ai écrite
moment du Xe anniversaire de la Révolution d'Octobre.

protestant, l'Institut m'a retourné mon manuscrit qui
ait jouer le rôle d'un corps étranger dans la besogne de
ification historique inouïe à laquelle se livre cette institu-
i dans sa lutte contre le trotskysme.

La deuxième partie du livre se compose de quatre discours
j'ai prononcés devant les plus hautes instances du Parti,
Juin à Octobre 1927, c'est-à-dire dans la période de lutte
ologique la plus intense entre l'Opposition et la fraction
line. Si j'ai choisi, parmi les nombreux documents des
nières années, les sténogrammes de ces quatre discours,
t parce qu'ils donnent, sous une forme condensée, un
osé suffisamment complet des conceptions en lutte et parce
à mon sens leur continuité chronologique permet au lecteur
se rapprocher du dynamisme dramatique de la lutte elle-
ne. J'ajouterai au surplus que de fréquentes analogies avec
Révolution française sont de nature à faciliter l'orientation
orique du lecteur français.

J'ai fait dans le texte des discours d'importantes coupures
r le débarrasser de répétitions qui sont malgré tout plus
moins inévitables. Je donne tous les éclaircissements néces-
es sous forme de notes introductives aux discours eux-
nes qui sont publiés dans la présente édition pour la pre-
re fois. En U. R. S. S., ils continuent à être des écrits
ites.

Pour conclure, je donne un petit pamphlet que j'ai écrit
xil, à Alma-Ata, en 1928, en réponse à une lettre de remon-
ices provenant d'un adversaire bien disposé. Je pense que

ce document, dont le manuscrit a largement circulé, donne au livre tout entier la conclusion nécessaire, en initiant le lecteur au tout dernier stade de la lutte qui a directement précédé mon bannissement.

Ce livre englobe un passé tout récent, et cela dans le but unique de le relier au présent. Plus d'un processus dont il est question n'est pas encore achevé, plus d'une question n'est pas encore résolue. Mais chaque jour qui vient apportera une vérification supplémentaire des conceptions en lutte. Ce livre est consacré à l'histoire courante, c'est-à-dire à la politique. Il considère uniquement le passé comme une introduction directe à l'avenir.

Constantinople, le 1er *Mai* 1929.

LA RÉVOLUTION DÉFIGURÉE

(LETTRE A L'INSTITUT HISTORIQUE DU PARTI)

A PROPOS DE LA FALSIFICATION DE L'HISTOIRE DE LA RÉVOLUTION D'OCTOBRE, DE L'HISTOIRE DE LA RÉVOLUTION ET DE L'HISTOIRE DU PARTI

Chers camarades,

Vous m'avez envoyé d'amples feuillets d'enquête sur mon rôle dans la Révolution d'Octobre en me demandant de répondre aux questions posées.

Je ne crois pas pouvoir ajouter beaucoup à ce qui a été déjà publié dans maints documents, discours, articles et livres de toutes sortes, notamment dans les miens. Mais je me permets de vous demander quel sens il peut y avoir à m'interroger sur ma participation à la Révolution quand la totalité de l'appareil officiel, y compris le vôtre, s'emploie à dissimuler, à faire disparaître, ou tout au moins à dénaturer toutes les traces de cette participation.

Des dizaines, des centaines de camarades m'ont déjà demandé bien souvent pourquoi je me tais, pourquoi je persiste à me taire au lieu de répondre aux falsifications absolument flagrantes de l'histoire de la Révolution et de l'histoire de notre Parti, dirigées contre moi.

Je n'ai nullement l'intention de réfuter à fond ici ces falsifications ; il y faudrait plusieurs volumes. Mais, en réponse à vos questions, permettez-moi de signaler une dizaine d'exemples de la déformation consciente et malveillante à laquelle on se livre en ce moment sur toute la ligne pour présenter les événements d'hier, déformation que l'on consacre par l'autorité de toutes espèces d'institutions, que l'on introduit même dans les manuels scolaires.

LA GUERRE ET MON ARRIVÉE A PÉTROGRAD (MAI 1917)

1. — Je suis arrivé à Pétrograd, sortant de captivité au Canada, au début de mai, deux jours après l'entrée des mencheviks et des socialistes-révolutionnaires dans le gouvernement de coalition.

Les organes de l'Institut historique du Parti, comme beaucoup d'autres d'ailleurs, cherchent, après coup, à représenter mon action pendant la guerre comme proche du social-patriotisme. Et l'on oublie en l'occurrence que mes travaux du temps de guerre *(la Guerre et la Révolution)* ont fait l'objet de multiples éditions du vivant de Lénine, qu'ils ont été enseignés dans les écoles du Parti et publiés en langues étrangères par l'Internationale communiste.

Au sujet de mon attitude pendant la guerre, on essaie de tromper la génération nouvelle qui ignore que la lutte révolutionnaire internationale contre la guerre m'a valu d'être, dès la fin de 1914, condamné par contumace en Allemagne à l'emprisonnement (pour mon livre en allemand : *la Guerre et l'Internationale)*, expulsé de France où je militais avec les futurs fondateurs du Parti communiste, arrêté en Espagne où j'étais entré en relation avec les futurs communistes, expulsé d'Espagne aux Etats-Unis. La génération nouvelle ignore également que j'ai mené une action révolutionnaire internationaliste à New-York, et que j'ai pris part avec les bolcheviks à la rédaction du *Novyi Mir* où j'ai donné une analyse léniniste des premières étapes de la Révolution de Février. Revenant d'Amérique en Russie, j'ai été débarqué par les autorités britanniques ; j'ai passé un mois dans un camp de concentration, au Canada, avec six ou huit cents matelots allemands que j'ai gagnés à Liebknecht et à Lénine (beaucoup d'entre eux ont pris part ensuite à la guerre civile en Allemagne et, jusqu'à ce jour, je reçois des lettres d'eux).

— A propos de l'information anglaise sur les causes

de mon arrestation au Canada, la *Pravda* de Lénine écrivait :

« Note de la Rédaction : *Peut-on ajouter foi un instant à l'information reçue par le gouvernement anglais et suivant laquelle Trotsky*, ancien président *du Conseil des députés ouvriers de Pétersbourg en* 1905 — *révolutionnaire qui, désintéressé, a consacré des* dizaines d'années *de sa vie, aurait un rapport quelconque avec un plan du « gouvernement allemand » ? C'est vraiment une calomnie ouverte, inouïe, cynique contre un révolutionnaire !* » (*Pravda*, n° 34, 16 Avril 1917.)

Que ces paroles sonnent bien à présent, au moment où l'on couvre l'Opposition des plus infâmes calomnies qui ne se distinguent en rien des calomnies lancées en 1917 contre les bolcheviks !

3. — Dans les notes qui figurent au XIVe volume. des *Œuvres de Lénine*, paru en 1921, il est dit :

« *Dès le début de la guerre impérialiste* [*Trotsky*] *a occupé une position nettement internationaliste* » (p. 482.)

Des mentions de ce genre, et plus catégoriques encore, on en pourrait citer à profusion. Les critiques de tous les journaux du Parti — russes et étrangers — ont indiqué des dizaines et des centaines de fois au sujet de mon livre : *la Guerre et la Révolution*, qu'en examinant l'ensemble de mon action pendant la guerre, il est nécessaire de reconnaître et de comprendre que mes divergences avec Lénine avaient un caractère secondaire, que la ligne essentielle était révolutionnaire, qu'elle me rapprochait constamment du bolchevisme non pas seulement par des paroles, mais par des actes. Quant à mes détracteurs actuels, je me garderai bien de fouiller leur biographie politique, surtout leur action pendant la guerre.

4. — On cherche après coup à s'appuyer sur certaines observations politiques plutôt acerbes de Lénine contre moi, notamment pendant la guerre. Lénine ne tolérait ni réticences, ni obscurités. Il avait raison de revenir deux fois et trois fois à la charge, lorsque la pensée politique lui paraissait incom-

plètement exprimée ou équivoque. Mais lorsqu'on polémise, les coups qu'on peut porter à tout moment sont une chose, et l'appréciation de l'ensemble d'une politique en est une autre.

En 1918 ou en 1919, un certain R... publia, en Amérique, un recueil des articles de Lénine et de moi-même, écrits pendant la guerre, notamment ceux que j'écrivis alors sur la question controversée des États-Unis d'Europe. Quelle fut l'attitude de Lénine ? Il écrivit :

« ... *Le camarade américain R... qui a publié un gros volume renfermant nombre d'articles de Trotsky et de moi, donnant ainsi un aperçu de l'histoire de la Révolution russe, a parfaitement raison.* » (*Œuvres de Lénine*, t. XVII, p. 96.)

5. — Je ne parlerai pas de l'attitude de la plupart de mes détracteurs actuels au début de la Révolution de Février. Sous ce rapport, on pourrait raconter pas mal de choses intéressantes au sujet des Skvortsov-Stépanov, des Yaroslavsky et de beaucoup d'autres. Je me bornerai à dire quelques mots du camarade Melnitchansky qui, dans la presse, a cherché à faire de faux témoignages sur mon attitude en Mai et Juin 1917.

En Amérique, tout le monde connaissait Melnitchansky comme menchévik. Dans la lutte que bolcheviks et internationalistes-révolutionnaires soutinrent contre le social-patriotisme et le centrisme, Melnitchansky ne prit aucune part. Dans toutes les questions de ce genre, il garda le silence. Il persista même dans cette attitude pendant son internement dans le camp de concentration canadien où, tout à fait par hasard (comme beaucoup d'autres, d'ailleurs), il fut enfermé avec Tchoudnovsky et moi. Jamais nous ne mîmes Melnitchansky au courant des plans que nous faisions, Tchoudnovsky et moi, pour notre action ultérieure. Mais obligés de vivre côte à côte dans le même campement, nous décidâmes avec Tchoudnovsky de lui demander à brûle-pourpoint si, une fois en Russie, il travaillerait avec les menchéviks ou avec les bolchéviks. Il

faut dire, à l'honneur de Melnitchansky, qu'il nous répondit :
« Avec les bolchéviks ». Ce n'est qu'après cette réponse que
nous parlâmes à Melnitchansky comme à un camarade d'idées.

Relisez ce que Melnitchansky a écrit à ce sujet, en 1924 et
1925. Tous ceux qui ont observé Melnitchansky en Amérique
ne peuvent, en l'occurrence, que hausser les épaules. Mais à
quoi bon parler de l'Amérique ? Il suffit d'écouter n'importe
quel discours de Melnitchansky pour reconnaître en lui le fonctionnaire opportuniste auquel le purcellisme est plus familier
que le léninisme.

6. — A l'arrivée de notre groupe à Pétrograd, nous fûmes
reçus à la gare de Finlande, au nom du Comité Central du
Parti bolchevik, par Féodorov, membre du C. C. Dans son
allocution, il posa ouvertement la question des étapes futures
de la Révolution : la dictature du prolétariat et la voie socialiste
du développement. Je soulignai mon accord entier avec cette
manière de formuler les tâches de la Révolution. Plus tard,
Féodorov m'a raconté que le point le plus important de son
discours avait été formulé en accord avec Lénine, ou plus précisément à la demande de Lénine, qui, cela va sans dire, considérait cette question comme la plus décisive pour la possibilité
d'une collaboration.

7. — Je ne suis pas entré aussitôt après mon arrivée du
Canada dans l'organisation des bolchéviks. Pourquoi ? Était-
ce parce qu'il existait des désaccords entre nous ? Aujourd'hui,
on cherche à en fabriquer. Mais ceux qui faisaient partie, en
1917, du noyau central des bolchéviks savent que, dès le premier jour, pas la moindre allusion ne fut faite à aucun de mes
désaccords avec Lénine.

En arrivant à Pétrograd, ou plutôt dès ma descente du
train à la gare de Finlande, j'appris par les camarades venus
à ma rencontre qu'il existait, à Pétrograd, une organisation
d'internationalistes-révolutionnaires (désignée sous le nom
d'organisation « inter-arrondissements ») qui retardait la fusion
avec les bolchéviks. En fait, plusieurs des dirigeants de cette

organisation faisaient dépendre le règlement de cette question de mon arrivée. Ouritsky, A. Ioffe, Lounatcharsky, Iouréniev, Karakhan, Vladimirov, Manouilsky, Pozern et Litkens participaient, entre autres, à cette organisation qui englobait environ 3.000 ouvriers de Pétrograd.

Dans les notes du XIVe volume des *Œuvres de Lénine*, cette organisation est caractérisée de la façon suivante :

« *Vis-à-vis de la guerre, les membres de « l'inter-arrondissements » adoptaient le point de vue internationaliste et, par leur tactique, étaient proches des bolchéviks* » (p. 488-489.)

Dès les premiers jours de mon arrivée, je déclarai tout d'abord à Kamenev, puis à la rédaction de la *Pravda* (1) en présence de Lénine, de Zinoviev et de Kamenev, que j'étais prêt à entrer tout de suite dans l'organisation des bolchéviks, étant donnée l'absence de toute espèce de désaccord, mais qu'il était nécessaire de régler la question d'amener aussitôt que possible l'inter-arrondissements au Parti. Il me souvient qu'à ce moment quelqu'un me demanda comment, selon moi, la fusion pourrait s'opérer (il s'agissait de savoir qui, des « inter-arrondissementiers » entrerait à la rédaction de la *Pravda*, au Comité Central et ainsi de suite). Je répondis que cette question n'avait pour moi aucune importance politique, dès l'instant qu'il n'y avait pas de désaccords entre nous.

Dans l'inter-arrondissements se trouvaient des éléments qui retardaient la fusion par les conditions qu'ils posaient. Comme toujours en semblable circonstance, d'anciens griefs, de la méfiance, etc., s'étaient accumulés entre le Comité de Pétrograd du Parti et l'inter-arrondissements. C'est cela, et uniquement cela, qui retarda la fusion.

8. — Le camarade Raskolnikov a, dans ces derniers temps, noirci pas mal de papier pour opposer ma ligne à celle de Lénine en 1917. Il serait par trop fastidieux d'en reproduire des cita-

---

(1) La *Pravda* est l'organe officiel du Parti communiste russe.

tions puisque, après tout, elles ne se distinguent pas des autres falsifications de ce genre.

Mais il n'est peut-être pas inutile de rapporter les paroles que ce même Raskolnikov a écrites précédemment sur cette même période :

« *Les échos des désaccords de la période d'avant-guerre avaient complètement disparu. Entre la tactique de Lénine et celle de Trotsky, il n'existait pas de différence. Ce rapprochement, déjà esquissé pendant la guerre, se précisa très nettement dès le retour de Léon Davidovitch (Trotsky) en Russie. Après ses premiers discours, nous tous, vieux léninistes, avions senti qu'il était nôtre.* » (Dans les prisons de Kérensky, *Prolétarskaïa Révolioutsia*, n°s 10-22, 1923, pp. 150-152).

Ces paroles n'ont pas été écrites pour démontrer ni démentir quoi que ce soit, mais pour raconter simplement comment les choses se sont passées. Par la suite, Raskolnikov a montré qu'il sait également raconter ce qui n'a jamais existé. Lors de la réédition de ses articles, publiés par la Section historique du Parti, Raskolnikov en a retranché soigneusement la relation de ce qui s'était passé pour y substituer des choses inventées.

Sans doute ne devrait-on pas s'arrêter au camarade Raskolnikov, mais l'exemple est par trop frappant.

Dans la critique du IIIe volume de mes œuvres (*Krassnaïa Nov*, n°s 7-8, 1924, pp. 395-401), Raskolnikov demande :

« *Quelle était, en 1917, la position du camarade Trotsky lui-même ?* » Et il répond : « *Trotsky se considérait encore comme membre du même Parti que les menchéviks Tsérételli et Skobelev.* »

Et, plus loin :

« *Le camarade Trotsky n'avait pas encore précisé son attitude au regard du bolchevisme et du menchévisme. A ce moment, Trotsky lui-même occupait une position vacillante, incertaine, intermédiaire.* »

Vous vous demanderez comment on peut concilier ces déclarations véritablement impudentes avec les écrits du

même Raskolnikov rapportés plus haut, à savoir que «
échos des désaccords de la période d'avant-guerre avaient com
tement disparu ». Si Trotsky n'avait pas précisé son attit
au regard du bolchévisme et du menchevisme, comment se fa
que « *nous tous, vieux léninistes, avions senti qu'il était nôtre* »

Ce n'est pas tout. Dans un article du même Raskolni
paru en 1923, dans *Prolétarskaïa Révolioutsia*, n° 5, pp. 71
sous le titre : *les Journées de Juillet*, il est dit :

« *Léon Davidovitch (Trotsky) n'appartenait pas en*
formellement à notre Parti, mais en réalité, dès son retour d'A
rique, il travailla constamment dans son sein. En tout cas, a
son premiers discours au Soviet, nous le regardions tous cor
un des chefs de notre Parti. »

Il semble que c'est assez clair, et qu'il soit difficile
tirer une autre interprétation. Mais que faire ? A cha
jour suffit sa peine. Et quelle « peine » ! Une haine systé
tiquement organisée, appuyée par des ordres et des circulai

Afin que la conduite de Raskolnikov, — qui, d'aille
caractérise non sa personne, mais tout un système de direc
et d'éducation, — nous apparaisse dans toute sa beauté,
est obligé de faire une citation plus complète de son arti
Dans les prisons de Kérensky. Voici ce qu'il y est dit :

« *Trotsky professait un immense respect pour Vladi*
Iliitch. Il le plaçait plus haut que tous les contemporains
lui avait été donné de rencontrer en Russie et à l'étranger. L
la façon dont Trotsky parlait de Lénine, on sentait l'attache
du disciple. A ce moment, Lénine comptait trente années d'ac
militante au service du prolétariat, et Trotsky vingt années.
traces des désaccords de la période d'avant-guerre avaient com
tement disparu. Entre la tactique de Lénine et celle de Tro
il n'y avait pas de différence.

« *Ce rapprochement, déjà esquissé pendant la guerre, s'*
nettement précisé dès le retour de Léon Davidovitch en Ru
Aussitôt après ses premiers discours, nous tous, vieux lénini
avions senti qu'il était nôtre. »

Il va sans dire que le témoignage de Raskolnikov sur l'attitude de Trotsky envers Lénine ne l'empêche nullement de produire une « lettre de Trotsky à Tchkheïdzé » pour édifier les jeunes membres du Parti.

Il faut ajouter qu'en raison de son travail, Raskolnikov me vit fréquemment dans le courant de l'été 1917, m'amena à Cronstadt, me demanda plusieurs fois des conseils, eut de nombreuses conversations avec moi, en prison et ailleurs. Sous ce rapport, ses souvenirs sont un précieux témoignage, tandis que ses rectifications ultérieures ne sont pas autre chose que le produit d'un travail de falsification exécuté sur commande.

Avant de quitter Raskolnikov, écoutons-le nous décrire dans ses souvenirs la lecture du réquisitoire d'Ermolenko, entre autres au sujet de l'or allemand :

« Pendant la lecture du réquisitoire, nous lancions de temps à autre des observations ironiques ; mais lorsque la voix impassible du juge d'instruction arriva au nom, cher entre tous, du camarade Lénine, Trotsky ne put se retenir, il frappa du poing sur la table, se dressa de toute sa taille, et déclara avec indignation qu'il refusait d'entendre ces allégations lâches et mensongères. Ne pouvant contenir notre révolte en face d'une falsification évidente, tous, sans exception, nous appuyâmes chaudement le camarade Trotsky. »

La révolte en face d'une « falsification évidente » est un sentiment bien naturel. Mais tout en méprisant les menues falsifications de Raskolnikov lui-même (assez évidentes elles aussi), la question se pose : « Quelle est l'attitude du Raskolnikov d'aujourd'hui, qui a passé par l'école stalinienne, à l'égard de la récente invention d'Ermolenko, au sujet de l'officier de Wrangel et du complot contre-révolutionnaire ? »

9. — Plusieurs documents émanant des bolcheviks on
été, en Mai, Juin et Juillet 1917, écrits par moi ou sous m
dictée. Et notamment la déclaration de la fraction bolché
vique au Congrès des Soviets sur l'offensive militaire e
préparation (Ier Congrès des Soviets), la lettre du Comit
Central du Parti au Comité Central Exécutif dans les journée
de la démonstration de Juillet, etc. Je suis tombé plusieur
fois sur certaines résolutions bolchéviques d'alors dont je sui
l'auteur ou à la rédaction desquelles j'ai participé. Dan
les discours que j'ai prononcés dans tous les meetings, tou
les camarades savent que je me suis constamment identifi
aux bolchéviks.

10. — Récemment, je ne sais quel « historien marxiste
nouveau genre s'est efforcé de découvrir des désaccords entr
Lénine et moi au sujet des journées de Juillet. C'est à qu
apportera son obole afin qu'elle lui soit rendue au centuple
Il faut vaincre le dégoût pour réfuter de telles falsifications
Je ne m'appuierai pas sur des souvenirs, je me bornerai à fair
appel aux documents. Dans ma déclaration adressée au Gouvernement Provisoire, j'écrivais :

« 1. *Je partage la position de principe de Lénine, de Zinovie*
et de Kamenev. Je l'ai développée, dans le Vpiérod, et de façon
générale dans tous mes discours publics.

« 3. *Le fait que je ne collabore pas à la* Pravda *et que je*
n'adhère pas à l'organisation bolchévique s'explique, non par
des désaccords politiques, mais par notre activité politique passée
qui, aujourd'hui, a perdu toute importance. » (Trotsky, Œuvres
complètes, IIIe vol., 1re partie, pp. 165-166.)

11. — A la suite des journées de Juillet, le Bureau socialiste-
révolutionnaire-menchévik du Comité Central Exécutif, convo-
qua une session de ce dernier. La fraction bolchévique de la
session me désigna comme rapporteur sur la situation actuelle

et les tâches du Parti. Cela se passait *avant* l'unification formelle, et malgré le fait que Staline notamment se trouvait à Pétrograd. Les « historiens marxistes » de la nouvelle école n'existaient pas encore, et les bolchéviks qui s'étaient réunis là-bas approuvèrent à l'unanimité les idées essentielles de mon rapport sur les journées de Juillet et sur les tâches du Parti. On en trouve les souvenirs dans la presse, et, en particulier, dans les souvenirs de N.-I. Mouralov (1).

12. — On sait que Lénine ne péchait pas par excès de confiance envers les individus lorsqu'il s'agissait des idées ou de l'attitude politique à observer dans des conditions difficiles, et que, notamment, il était loin d'être tendre pour les révolutionnaires qui, dans la période précédente, s'étaient trouvés en dehors du Parti bolchévik. Ce furent précisément les journées de Juillet qui brisèrent les derniers vestiges des anciennes barrières. Dans sa lettre au Comité Central au sujet de la liste des candidats bolchéviks à l'Assemblée Constituante, Vladimir Iliitch écrivait :

« *Il est tout à fait inadmissible qu'il y ait un nombre aussi excessif de candidats pris parmi les personnes peu éprouvées ayant adhéré tout récemment à notre Parti (dans le genre de J. Larine)... Il est nécessaire de reviser la liste d'urgence et de la rectifier...*

« *Il va de soi que... personne ne songerait à discuter une candidature comme celle de L. D. Trotsky par exemple, puisque, 1° dès son arrivée, Trotsky a eu une attitude internationaliste ; 2° qu'il a combattu parmi les membres de l'inter-arrondissements pour la fusion ; 3° que, dans les graves journées de Juillet, il s'est montré à la hauteur de sa tâche et partisan dévoué du parti du prolétariat révolutionnaire. Il est clair qu'on ne peut pas en dire autant d'une quantité de membres frais émoulus du Parti qui figurent sur la liste...* » (*Le premier Comité bolchévik légal de Pétrograd en* 1917, *Section Historique du Parti*, Léninegrad, p. 305-306.)

---

(1) Commandant en chef des troupes de Moscou.

13. — La question de notre attitude à l'égard du Préparlement fut discutée en l'absence de Lénine. Je pris la parole en qualité de rapporteur des bolcheviks boycottistes. On sait que la majorité de la fraction bolchévique de l'Assemblée démocratique de Moscou se prononça contre le boycottage. Lénine appuya résolument la minorité. Voici ce qu'il écrivit à ce sujet au Comité Central :

« *Il faut boycotter le Préparlement. Il faut entrer au Soviet des députés ouvriers, soldats et paysans, entrer dans les syndicats et, en général, aller aux masses. Il faut les appeler à la lutte. Il faut leur donner un mot d'ordre clair et juste, chasser la bande bonapartiste de Kérensky avec son simili Préparlement, de cette Douma Tséretello-Boulyguienne. Même après l'affaire Kornilov, les menchéviks et les socialistes-révolutionnaires n'ont pas accepté notre compromis de remettre pacifiquement le pouvoir aux Soviets (dans lesquels nous n'avions pas encore la majorité) ; de nouveau, ils ont roulé dans le marais des dégoûtantes et viles combinaisons avec les cadets. A bas les menchéviks et les socialistes-révolutionnaires ! Combattons-les implacablement. Chassons-les impitoyablement de toutes les organisations révolutionnaires, pas de pourparlers, pas de relations avec ces* amis de Kichkine, *des propriétaires fonciers kornilovistes et des capitalistes.*

« *Samedi,* 23 *septembre.*

« *Trotsky a été pour le boycottage. Bravo, camarade Trotsky ! Le boycottisme est vaincu dans la fraction des bolcheviks qui se sont rendu à l'Assemblée démocratique. Vive le boycottage !* »

(*Proletarskïa Revolioutsia,* n° 3, 1924.)

14. — Sur ma participation à la Révolution d'Octobre, il est dit, au XIVe volume des *Œuvres de Lénine* :

« *Lorsque le Soviet de Pétersbourg eut passé aux mains des bolchéviks [Trotsky] en fut élu président et, en cette qualité, organisa et dirigea l'insurrection du* 25 octobre » (p. 482.)

Que la Section Historique du Parti — ou à défaut de la Section actuelle, la Section future — débrouillent ce qu'il y a là de vrai et de faux. En tout cas, Staline a, ces dernières

années, catégoriquement contesté l'exactitude de cette assertion. Et voici ses déclarations :

« *Je dois dire que le camarade Trotsky n'a joué et n'a pu
jouer aucun rôle particulier dans l'insurrection d'Octobre, qu'en
tant que président du Soviet de Pétrograd il se bornait à exécuter
la volonté des instances intéressées du Parti qui dirigèrent chaque
pas du camarade Trotsky.* »

Et, plus loin :

« *Le camarade Trotsky, homme relativement nouveau pour
notre Parti dans la période d'Octobre, n'a joué et n'a pu jouer
aucun rôle particulier ni dans le Parti, ni dans l'insurrection
d'Octobre.* » (I. Staline : *A propos du trotskysme. Trotskysme
ou léninisme*, pp. 68-69.)

Il est vrai qu'en apportant ce témoignage, Staline oublie
ce qu'il disait lui-même le 6 Novembre 1918, c'est-à-dire lors
du premier anniversaire de la Révolution, lorsque les faits
et les événements étaient encore trop frais dans la mémoire
de tous. Déjà à ce moment, Staline faisait à son égard la
besogne qu'il a si largement développée présentement. Mais
il était alors obligé d'agir avec beaucoup plus de prudence
et de dissimulation. Voici ce qu'il écrivait dans la *Pravda*
(n° 241) sous le titre : « Le rôle des militants es plus en vue
du Parti. »

« *Tout le travail d'organisation pratique de l'insurrection
s'effectua sous la direction immédiate de Trotsky, président
du Soviet de Pétrograd. On peut dire avec certitude qu'en ce qui
concerne le rapide passage de la garnison du côté du Soviet,
et l'habile organisation du travail du Comité de guerre révolutionnaire, le Parti en est avant tout et surtout redevable au camarade
Trotsky.* »

Ces mots, à l'époque, n'avaient nullement été écrits en
vue d'éloges exagérés — le but de Staline étant au contraire
tout autre : il voulait, par son article « prévenir » l'exagération
du rôle de Trotsky (c'est pour cela que l'article a été écrit !) —
paraissent aujourd'hui tout à fait incroyables, précisément

sous la plume de Staline. Mais *alors* il n'était pas possible de tenir un autre langage ! Il y a longtemps qu'on a dit qu'un homme véridique a cet avantage de ne jamais se contredire, même si sa mémoire lui fait défaut, tandis qu'un homme déloyal, faux et sans scrupules doit toujours se rappeler ce qu'il a dit dans le passé pour ne pas se couvrir de honte.

15. — Avec le concours des Yaroslavsky, Staline s'efforce de fabriquer une nouvelle histoire de l'organisation de la Révolution d'Octobre en s'appuyant sur la création auprès du Comité Central, « *d'un centre pratique pour l'organisation et la direction de l'insurrection* » dont Trotsky ne faisait pas partie. Or, Lénine non plus ne faisait pas partie de cette Commission. Ce fait à lui seul montre que la Commission ne pouvait avoir qu'une importance secondaire d'organisation. Elle ne joua aucun rôle indépendant. On fabrique actuellement la légende de cette Commission uniquement parce que Staline en fut membre. Cette Commission se composait de « Sverdlov, Staline, Dzerjinsky, Boubnov, Ouritsky ». Quelle que soit la répugnance que l'on éprouve à fouiller des immondices, qu'on me permette, en tant qu'acteur relativement proche et de témoin des événements de cette époque, d'apporter le témoignage suivant :

Il est évident que le rôle de Lénine n'a pas besoin d'être éclairci. A ce moment, je voyais fréquemment Sverdlov, lui demandais conseil, et m'adressais à lui pour avoir des hommes. Kamenev qui, on le sait, occupait alors une position spéciale — position dont il a reconnu lui-même la fausseté depuis longtemps — prit cependant une part des plus actives aux événements de la Révolution. La nuit décisive du 25 au 26 Octobre, nous l'avons passée, Kamenev et moi, dans le local du Comité de guerre révolutionnaire, à répondre aux demandes téléphoniques et à donner des ordres. Mais, malgré tous mes efforts de mémoire, il m'est littéralement impossible de me dire en quoi précisément consista le rôle de Staline dans cette journée décisive. Pas une fois, je ne me suis adressé à lui, soit pour un conseil, soit pour un appui. Il ne manifesta aucune initiative. Il ne fit pas la moindre proposition personnelle. Et aucun « historien marxiste » de la nouvelle formation n'y pourra rien changer.

ADJONCTION NÉCESSAIRE

Au cours des mois derniers, Staline et Yaroslavsky se sont donné beaucoup de peine pour prouver que le « centre pratique pour l'organisation et la direction de l'insurrection » *créé par le Comité Central et composé de Sverdlov, Staline, Boubnov, Ouritsky et Dzerjinsky*, a dirigé réellement la Révolution. Staline souligne le fait que Trotsky n'en était pas membre. Mais hélas, grâce à une évidente négligence des historiens staliniens, on trouve dans la *Pravda* du 2 Novembre 1927 (c'est-à-dire après que cette lettre-ci a été écrite) un extrait des procès-verbaux du Comité Central du 16-29 Octobre 1927, ceci :

« *Le Comité Central organise un centre militaire révolutionnaire composé des camarades Sverdlov, Staline, Boubnov, Ouritsky et Dzerjinsky.* CE CENTRE EST PARTIE INTÉGRANTE DU COMITÉ RÉVOLUTIONNAIRE DES SOVIETS. »

Le Comité révolutionnaire des Soviets est précisément le Comité militaire révolutionnaire. Il n'existait pas d'autre organe soviétique pour la direction de l'insurrection. Par conséquent, ces cinq camarades, désignés par le Comité Central, devaient compléter le Comité militaire révolutionnaire, dont le président était Trotsky. Il est évident qu'on n'avait pas besoin de désigner Trotsky une seconde fois, puisqu'il était déjà le *président* de cette organisation. Comme il est difficile de corriger l'histoire après coup ! (11 Novembre 1927).

L'HISTORIQUE DE LA RÉVOLUTION D'OCTOBRE

A Brest-Litovsk, j'écrivis une brochure sur la Révolution d'Octobre. Ce livre a connu un grand nombre d'éditions dans les langues les plus diverses. Personne ne m'a jamais dit que quelque chose d'important y eut été omis, ni qu'il n'y était question nulle part de l'organe dirigeant *principal* de l'insurrection, le « centre militaire révolutionnaire », dont les membres étaient Staline et Boubnov. Si je connaissais si mal l'histoire de la Révolution d'Octobre, pourquoi ne m'a-t-on pas avisé de cette erreur ? Pourquoi, alors, au cours des premières années de la Révolution, s'est-on impunément servi de mon livre comme manuel dans toutes les écoles du Parti ?

Il y a plus. Encore en 1922, le Bureau d'organisation du Comité Central estimait que l'histoire de la Révolution d'Octobre m'était suffisamment connue. En voici une confirmation très brève, mais éloquente :

« N⁰ 14.302.   Moscou, 24 mai 1922.

  « *Au camarade Trotsky,*

 « *Nous vous communiquons l'extrait que voici du procès-verbal de la séance du Bureau d'organisation du Comité Central du 22 mai 1922, N⁰ 21 :*

 « *Le camarade Yakovlev est chargé de composer pour le* 1er *octobre, sous la direction du camarade Trotsky, un manuel de l'histoire de la Révolution d'Octobre.*

  « *Le secrétaire (Section de propagande.)*
   « Signature. »

Ceci est de Mai 1922. Mon livre sur la Révolution d'Octobre et celui sur 1905 paru avant cette époque en plusieurs éditions, devaient être bien connus du Bureau d'organisation, présidé, alors, déjà par Staline. Pourtant, le Bureau d'organisation croyait nécessaire de me charger de la rédaction du manuel sur la Révolution d'Octobre. Pourquoi cela ? Visiblement, les yeux

de Staline et des staliniens ne s'ouvrirent sur le « trotskysme »
que lorsque les yeux de Lénine se fermèrent — pour toujours.

DOCUMENTS ÉGARÉS

16. — Après Octobre, de graves désaccords éclatèrent dans
les hautes sphères du Parti sur l'attitude à adopter à l'égard
des autres Partis « socialistes » (Gouvernement bolchévik homogène ou entente avec les menchéviks et les socialistes-révolutionnaires ?) Le 1-14 Novembre, Lénine prit la parole à ce
propos à la séance du Comité de Pétrograd du Parti. Les procès-
verbaux du Comité Central de 1917 ont été publiés à l'occasion
du Xe anniversaire de la Révolution d'Octobre. Dans cette
édition figurait tout d'abord le procès-verbal de la séance des
1-14 Novembre 1917. Dans la première composition du sommaire, ce procès-verbal fut mentionné, mais par la suite, sur
un ordre venu d'en haut, il en fut retranché et dissimulé au
Parti. Il n'est pas difficile d'en comprendre les raisons. Sur la
question de l'entente avec les autres Partis « socialistes »,
Lénine s'était exprimé à cette séance de la façon suivante :

« *Quant à l'entente, je n'en puis même parler sérieusement.
Trotsky a dit depuis longtemps que l'union est impossible.
Trotsky l'a compris et, depuis*, il n'y eut pas de meilleur bolché-
vik que lui. »

Son discours se terminait par le mot d'ordre :

« *Sans aucune entente — pour un Gouvernement bolchévik
homogène !* »

On rapporte que l'ordre de retirer le procès-verbal est
venu de l'Institut Historique du Parti, sous prétexte que
« visiblement » le discours de Lénine n'a pas été transcrit
exactement. C'est vrai : le discours de Lénine n'est pas du tout
conforme à l'histoire de la Révolution d'Octobre que l'on
écrit aujourd'hui.

17. — Il est bon de faire remarquer que ledit procès-verbal

de la séance du Comité de Pétrograd du Parti est une preuve de la manière dont Lénine se comportait à l'égard des questions de discipline, dans les cas où l'on tentait de se servir de la discipline pour dissimuler une ligne nettement opportuniste. A propos du rapport du camarade Feinikstein, Lénine déclarait :

« Si la scission se produit, tant pis. Si vous avez la majorité, prenez le pouvoir au Comité Central Exécutif et agissez. Nous, nous irons aux marins. »

C'est précisément par cette façon hardie, radicale, intransigeante, de poser la question que Lénine a *préservé le Parti de la scission.*

Une discipline de fer, mais sur une base révolutionnaire. Le 4 Avril, à la Conférence du Parti (dont Staline dissimule les procès-verbaux au Parti), Lénine disait :

« Nos bolchéviks eux-mêmes font confiance au Gouvernement. On ne peut l'expliquer que par la griserie de la Révolution. C'est la mort du socialisme. Camarades, vous avez confiance en le Gouvernement ? S'il en est ainsi, nous ne pouvons suivre le même chemin. »

Et plus loin :

« J'entends qu'en Russie il est question d'une tendance en faveur de l'union, l'union avec les jusqu'auboutistes. Il y a là une trahison du socialisme. Je crois qu'il vaut mieux rester seul comme Liebknecht, un contre cent dix. »

18. — Pourquoi Lénine a-t-il posé aussi brutalement la question de un contre cent dix ? Parce qu'à la Conférence de Mars 1917, les tendances semi-jusqu'auboutistes, semi-conciliatrices s'avéraient très fortes.

A cette Conférence, Staline appuyait la motion du Soviet de Krasnoyarsk qui disait : *« Il faut soutenir l'action du Gouvernement provisoire pour autant qu'il donne satisfaction aux revendications de la classe ouvrière et de la paysannerie révolutionnaire dans la Révolution en cours. »*

Mieux encore, Staline était partisan de l'union avec Tsérételli. Voici un extrait exact du procès-verbal :

« Ordre du jour : proposition d'union de Tsérételli.

« *Staline : « Nous devons accepter. Nous devons définir notre proposition de réalisation de l'union. L'union est possible sur la base de Zimmerwald-Kienthal. »*

Aux objections de plusieurs membres de la Conférence, faisant observer que l'union serait trop disparate, Staline répondit :

« *On ne doit pas devancer ni prévenir les désaccords. Sans désaccords, le Parti ne vit pas. Dans le Parti, nous liquiderons les petits désaccords. »*

Staline considérait que les désaccords avec Tsérételli étaient de « *petits désaccords* ». A l'égard des adeptes de Tsérételli, Staline était partisan d'une large démocratie : « *Sans désaccords, le Parti ne vit pas. »*

19. — Maintenant, permettez qu'on vous demande, camarades dirigeants de l'Institut Historique du Parti, pourquoi les procès-verbaux de la conférence du Parti de Mars 1917 n'ont pas été publiés jusqu'ici ? Vous envoyez des feuilles d'enquête pourvues de colonnes et de rubriques innombrables. Vous rassemblez les moindres détails, certains sont parfois même dénués de tout intérêt. Pourquoi donc tenez-vous sous le boisseau les procès-verbaux de la conférence de Mars qui, pour l'histoire du Parti, sont d'une importance capitale ? Ces procès-verbaux nous montrent les dispositions des éléments dirigeants du Parti à la veille du retour de Lénine en Russie. J'ai demandé à plusieurs reprises au Secrétariat du Comité Central et au Bureau de la Commission Centrale de Contrôle pourquoi l'Institut Historique cache au Parti ce document d'une importance unique ? Vous connaissez ce document. Vous le détenez. On ne le publie pas parce qu'il compromet de la façon la plus cruelle la ligne politique de Staline à la fin de Mars et au début d'Avril, c'est-à-dire dans la période où Staline s'efforçait *par lui-même* d'élaborer une ligne politique.

20. — Dans le même discours, que Lénine prononça à la Conférence du 4 Avril, il déclarait :

« *La* Pravda *réclame du* Gouvernement *qu'il renonce aux annexions. C'est une ineptie, une criante dérision de... »*

Le procès-verbal n'a pas été mis au point. Il renferme des lacunes, mais l'idée générale et le sens des discours sont absolument clairs. Staline était un des rédacteurs de la *Pravda*, il y écrivait des articles semi-jusqu'auboutistes, et soutenait le Gouvernement Provisoire « pour autant » qu'il le jugeait nécessaire dans ce sens. Tout en faisant certaines réserves, Staline se félicita du *Manifeste* de Kérensky-Tsérételli *à tous les peuples*, document social-patriote mensonger qui ne provoqua qu'indignation chez Lénine.

Voilà pourquoi — et uniquement pourquoi, camarades de l'Institut Historique du Parti — vous ne publiez pas les procès-verbaux de la Conférence de Mars 1917 du Parti, et les dissimulez au Parti.

21. — J'ai cité ci-dessus le discours de Lénine à la séance du Comité de Pétrograd du Parti, le 1-14 Novembre. Où ce procès-verbal a-t-il été publié ? Nulle part. Pourquoi ? Parce que vous l'avez interdit. Récemment, un recueil des procès-verbaux du premier Comité légal de Pétrograd en 1917 a été édité. Tout d'abord, ce recueil renfermait le procès-verbal de la séance du 1-14 Novembre, ainsi que le mentionne le sommaire déjà composé. Par la suite, sur l'ordre de l'Institut Historique, le procès-verbal fut supprimé, sous le plaisant prétexte que « visiblement », le discours de Lénine avait été déformé lors de la transcription par le secrétaire. En quoi consiste cette « visible » déformation ? — En ce que le discours de Lénine est une impitoyable réfutation des fausses assertions de l'école historique actuelle de Staline-Yaroslavsky au sujet de Trotsky. Tous ceux qui connaissent la manière oratoire de Lénine reconnaîtront sans hésiter l'authenticité des phrases transcrites. Sous les paroles de Lénine à propos de l'entente, derrière sa menace : « *Nous, nous irons aux marins* », on sent vivre le Lénine d'alors. Vous l'avez caché au Parti. Pourquoi ? A cause de l'opinion de Lénine sur Trotsky. Pas davantage.

Vous dissimulez les procès-verbaux de la Conférence de Mars 1917 parce qu'ils compromettent Staline. Vous dissimulez le procès-verbal de la séance du Comité de Pétrograd, uniquement parce qu'il gêne le travail de falsification dirigé contre Trotsky.

22. — Laissez-moi évoquer en passant un épisode relatif au camarade Rykov. La réimpression, dans les recueils de l'Institut Lénine, d'un article de Lénine renfermant quelques lignes désagréables au sujet de Rykov, a surpris beaucoup de camarades. Voici ce qu'il y est dit :

« *La* Rabotchaïa Gazeta, *organe des menchéviks-ministérialistes, cherche à nous blesser en rappelant qu'en* 1911 *la police arrêta le bolchévik-conciliateur Rykov pour* « *laisser la liberté* » *de mouvement aux bolchéviks de notre Parti, à la veille des élections à la* IVe *Douma (la* Rabotchaïa Gazeta *le souligne tout particulièrement).* »

Ainsi, Lénine classe le Rykov de 1911 parmi les bolchéviks hors parti. Comment se fait-il que ces lignes aient pu voir le jour ? N'est-il pas vrai qu'actuellement on n'extrait des écrits de Lénine que les passages les plus durs à l'égard des opposants ? Quant aux représentants de la majorité actuelle, on n'est autorisé à citer que les louanges (s'il en existe). Comment donc se fait-il que les phrases rapportées plus haut aient pu paraître dans la presse ? Tout le monde s'explique ce fait de la même façon : les historiens staliniens jugent qu'une complète objectivité est nécessaire (déjà, déjà !) à l'égard de Rykov.

A PROPOS DE YAROSLAVSKY

23. — Les neuf dixièmes de ses calomnies et de ses falsifications, Yaroslavsky les consacre à l'auteur de ces lignes. Il est difficile d'imaginer mensonges aussi embrouillés, mais en même temps aussi venimeux. Il serait faux de croire cependant que Yaroslavsky a toujours été ainsi. Il a même écrit autrement. Tout aussi lourdement, tout aussi insipidement, mais dans un sens diamétralement opposé. Pas plus tard qu'au prin-

temps 1923, Yaroslavsky consacra un article aux débuts de l'activité politique et littéraire de l'auteur de ces lignes. L'article est un véhément panégyrique, insupportable à lire. On ne le peut citer qu'en se faisant violence. Il faut pourtant s'y résigner! En qualité d'enquêteur, Yaroslavsky confronte voluptueusement avec eux-mêmes les communistes coupables d'avoir fait circuler le « testament » de Lénine, les lettres de Lénine sur la question nationale, et autres documents suspects, dans lesquels Lénine eut l'audace de critiquer Staline. Nous allons donc confronter ledit Yaroslavsky avec lui-même :

« La brillante activité littéraire et journalistique du camarade Trotsky — écrivait Yaroslavsky en 1923 — lui a valu le nom universel de « roi des pamphlétaires ». C'est ainsi que l'appelle l'écrivain anglais Bernard Shaw. Ceux qui, pendant un quart de siècle, ont suivi cette activité, ont pu se convaincre que ce talent de pamphlétaire et de polémiste s'est développé, élevé et épanoui dans les années de notre Révolution prolétarienne. Mais dès le début de cette activité, il était clair que nous étions en présence d'un très grand talent. Tous ses articles de journaux débordaient d'inspiration. Tous se distinguaient par le sens pittoresque, par l'éloquence ; pourtant à cette époque, on était obligé d'écrire dans l'étau de la censure tsariste qui mutilait la pensée et la forme hardies de tous ceux qui tentaient de s'en arracher et de se hausser au-dessus du vulgaire. Mais si grandes étaient les forces souterraines en gestation, si fort était le battement du cœur du peuple en train de s'éveiller, si violents les antagonismes qui surgissaient, que pas un censeur ne pouvait étouffer l'esprit créateur qui jaillissait de personnalités aussi éclatantes que l'était alors la figure de L. D. Trotsky.

« Très probablement, il est arrivé à beaucoup de voir une photographie assez répandue de Trotsky dans sa jeunesse, au moment de sa première relégation en Sibérie : fougueuse chevelure, lèvres caractéristiques, front puissant, où bouillait déjà un torrent impétueux d'images, d'idées et de dispositions d'esprit, qui parfois entraînait le camarade Trotsky un peu à l'écart de la grande route historique et l'obligeait parfois, soit à choisir des voies trop détour-

nées, soit au contraire à s'engager hardiment dans des impasses. Mais, dans tous ces efforts nous avions devant nous un homme profondément dévoué à la Révolution, fait pour jouer un rôle de tribun, *dont la langue incisive, souple comme l'acier, taillait les adversaires en pièces, et dont la plume laissait tomber à pleines mains (?) les chefs-d'œuvre d'une exubérante pensée.* »

Et plus loin :

« *Les articles que nous possédons embrassent une période, longue de plus de deux années, qui va du 15 Octobre 1900 au 12 Novembre 1902. Les Sibériens lisaient passionnément ces brillants articles et attendaient avec impatience leur parution. Seuls, quelques-uns savaient quel était leur auteur, et ceux qui connaissaient Trotsky étaient alors loin de se douter qu'il serait* un des chefs reconnus de l'armée révolutionnaire et de la plus grande Révolution qui ait été au monde. »

Et pour finir :

« *Le camarade Trotsky a motivé plus tard sa protestation contre le pessimisme de la classe intellectuelle* [hum !] *russe désaxée. Il l'a motivée non par des paroles, mais par des actes, coude à coude avec le prolétariat révolutionnaire de la grande Révolution prolétarienne. Il y fallait beaucoup de forces. La campagne sibérienne ne s avait pas tuées en lui : elle l'avait seulement convaincu de la nécessité de faire table rase de tout ce régime, sous lequel les faits qu'il décrivait étaient possibles.* »

(*Sibirskie Ogni*, n°s 1-2, *Janvier-Avril* 1923.)

Si Yaroslavsky a opéré un revirement de 180°, au cours d'appréciations ultérieures, nous devons malgré tout reconnaître que, dans un certain sens, il reste indéfectiblement pareil à lui-même : aussi insupportable dans la louange que dans la calomnie.

A PROPOS D'OLMINSKY

24. — On sait que parmi les détracteurs du « trotskysme », Olminsky n'a pas occupé le dernier rang. Il s'est indigné parti-

culièrement de mon livre sur 1905, paru tout d'abord en allemand. Cependant, Olminsky, lui aussi, eut deux opinions à ce sujet : l'une sous Lénine, l'autre sous Staline.

En Octobre 1921, quelqu'un souleva la question de la publication de mon livre « 1905 » par l'Institut Historique du Parti. A ce propos, Olminsky m'écrivait la lettre que voici :

« Cher Léon Davidovitch,

« Naturellement, l'Institut Historique publierait volontiers votre livre en russe. Mais la question est de savoir qui fera la traduction. On ne peut confier au premier venu la traduction d'un livre de Trotsky ! Toute la beauté et la particularité du style se perdraient. Peut-être pourriez-vous prélever une heure par jour sur vos autres importants travaux d'État pour ce travail qui, lui aussi, est important. Peut-être pourriez-vous le dicter à une dactylographe ?

« Encore une question : Pourquoi ne voudriez-vous pas préparer une édition complète de vos travaux littéraires ? Vous pourriez en charger quelqu'un qui le fasse sous votre direction. Il serait temps ! Sinon la nouvelle génération qui ne connaît pas suffisamment l'histoire du Parti, qui ignore les vieilles et nouvelles publications de ses chefs, risquerait de dévier toujours de la ligne. Je vous renvoie le livre dans l'espoir de le recevoir avec le texte russe.

« Bien à vous,

M. OLMINSKY. »
17-10-1921.

C'est ainsi que s'exprimait Olminsky à la fin de 1921, c'est-à-dire longtemps *après* les désaccords sur la paix de Brest-Litovsk et les syndicats, désaccords auxquels les Olminsky et compagnie ont essayé plus tard d'attribuer une importance exagérée. A la fin de 1921, Olminsky trouvait que l'édition du livre « 1905 » était un « important travail d'Etat ». Olminsky fut l'initiateur de la publication de mes œuvres, qu'il jugeait nécessaires à l'éducation des membres du Parti. En automne 1921, Olminsky n'était plus membre des Jeunesses... Il connaissait le passé. Il connaissait mieux que tout autre mes divergences de vues avec le bolchevisme. Lui-même a polémiqué contre moi pendant les années écoulées. Tout cela ne l'empêchait point d'insister en automne 1921 sur la publication de mes œuvres complètes dans l'intérêt de la jeune génération. Peut-être Olminsky était-il « trotskyste » en 1921 ?

Deux mots sur Lounatcharsky

25. — Lounatcharsky est, lui aussi, un détracteur de l'Opposition. Après les autres, il nous accuse de pessimisme et de scepticisme. C'est un rôle qui lui sied à merveille. A son tour, Lounatcharsky travaille non seulement à opposer le trotskysme au léninisme, mais aussi à répandre toutes sortes d'insinuations d'ordre personnel.

Comme quelques autres, Lounatcharsky est capable d'écrire sur une seule et même question, tantôt d'une façon, tantôt d'une autre. En 1923, il publia une brochure : *Silhouettes Révolutionnaires*. Cette brochure me consacre un chapitre. Je ne le citerai pas à cause de l'exagération outrancière des louanges. Je mentionnerai seulement deux passages où Lounatcharsky parle de mon attitude à l'égard de Lénine :

« Trotsky est un caractère mordant, impératif. Après la fusion, ce n'est qu'à l'égard de Lénine que Trotsky a constamment manifesté et manifeste un esprit touchant et délicat de concession et lui reconnaît, avec une modestie propre aux grands hommes authentiques, la priorité. » (P. 25.)

Et quelques pages avant, il écrivait :

« Lorsque Lénine fut frappé d'une blessure qui nous paraissait mortelle, nul mieux que Trotsky n'exprima les sentiments que nous éprouvions. Au milieu des terribles tempêtes des événements mondiaux, Trotsky, cet autre chef de la Révolution russe, pourtant

peu enclin à la sentimentalité, déclara : « Quand on se dit que Lénine peut mourir, il semble que toutes nos vies soient inutiles et l'on n'a plus envie d'exister. » (P. 13.)

Que penser de ces hommes qui peuvent dire tantôt une chose, tantôt une autre, selon le travail qui leur est confié ?

Brest-Litovsk et la discussion syndicale
La consécration du martynovisme

26. — Ce que je viens de démontrer par des exemples tirés de 1917, on pourrait en retrouver la trace dans les années ultérieures. Je ne veux nullement dire par là qu'il n'y eut pas de désaccords entre Lénine et moi : il y en eut. Les désaccords au sujet de la paix de Brest-Litovsk se prolongèrent pendant plusieurs semaines, et pendant quelques jours revêtirent un caractère très aigü.

L'essai de présenter les divergences dans cette question comme si elle constituait une conséquence de ma « sous-estimation de la paysannerie », est ridicule, et apparaît dans le meilleur des cas comme une tentative en vue de me prêter la plate-forme de Boukharine avec laquelle je n'avais rien de commun. Je n'ai songé à aucun instant à la possibilité, pendant les années 1917-1918, d'appeler les masses paysannes à la guerre révolutionnaire. Dans l'appréciation de l'état d'esprit des masses paysannes et ouvrières après la guerre impérialiste, j'étais d'accord avec Lénine. Si j'insistais pour qu'on retardât autant que possible le moment de la capitulation devant les Hohenzollern, je ne le faisais pas afin de susciter la guerre révolutionnaire, mais pour montrer aux masses ouvrières allemandes, et européennes en général, qu'il n'existait pas de conventions secrètes entre nous et les Hohenzollern, et pour stimuler les travailleurs d'Allemagne et d'Autriche à une activité révolutionnaire renforcée. La décision de déclarer l'état de guerre terminé sans signer la paix de violence, était dictée par le désir d'éprouver si les Hohenzollern étaient encore capables de mener la guerre contre la Révolution. Cette décision avait été adoptée par la majorité de notre Comité Central et par la majorité de notre fraction au Comité Central Exécutif panrusse. Lénine considérait cette décision comme le moindre mal, une partie considérable des dirigeants du Parti préconisant la « guerre révolutionnaire » boukharinienne, en ignorant la situation non seulement des paysans, mais encore des masses ouvrières. Avec la signature du traité de paix, cette divergence épisodique avec Lénine fut épuisée, et le travail continua dans le meilleur accord. Mais Boukharine développa ses divergences de Brest-Litovsk avec Lénine en un système entier de « communisme de gauche », avec lequel je n'avais rien de commun.

Beaucoup de gens intelligents s'étonnent à la moindre occasion du mot d'ordre : « Ni paix, ni guerre ! » Il leur apparaît comme une contradiction en soi, alors qu'entre les classes comme entre les États, il n'est pas rare de constater un rapport « ni paix, ni guerre ». Il suffit de se rappeler que quelques mois après Brest, lorsque la situation révolutionnaire se précisait en Allemagne, nous déclarâmes la paix de Brest non valable sans pour cela rouvrir la guerre avec l'Allemagne. Aux premières années de la Révolution, nous étions vis-à-vis des Alliés dans une situation « ni paix, ni guerre ». Les mêmes rapports existent, au fond, à présent aussi entre nous et l'Angleterre. Au moment des négociations de Brest, toute la question était de savoir si au début de 1918, la situation révolutionnaire d'Allemagne avait déjà assez mûri pour que, sans continuer la guerre (nous n'avions pas d'armée), nous n'eussions pas besoin de signer la paix.

L'expérience a démontré que Lénine avait raison : une telle situation n'existait pas.

Des falsifications intéressées, dès 1923, ont complètement déformé le contenu des différends de Brest. Tous les échafaudages édifiés sur ma politique de Brest-Litovsk ont été discutés et réfutés sur la base de documents incontestables dans les notes du 17ᵉ volume de mes *Œuvres.*

Dans mes relations personnelles avec Lénine, ces désaccords n'avaient pas laissé trace de la moindre amertume. Quelques jours après la signature de la paix, je fus, sur la proposition de Vladimir Iliitch, placé à la tête du travail militaire.

27. — La lutte qui se déroula à propos de la question syndicale fut plus vive et plus longue. Martynov, le nouveau théoricien du stalinisme que la Nep nous a apporté sur ses vagues, a représenté les désaccords sur la question syndicale comme des désaccords ayant trait à la question de la Nep. En 1923, Martynov écrivait à ce sujet :

« *En* 1905, *L. Trotsky raisonnait avec plus de logique et d'esprit de suite que les bolchéviks et les menchéviks. Mais le défaut de ses raisonnements consistait en ce que Trotsky était « trop conséquent ». Le tableau qu'il brossait donnait par anticipation une charmante idée très précise de la dictature bolchévik des trois premières années de la Révolution d'Octobre qui, comme on le sait, a fini par échouer dans une impasse, après avoir détaché le prolétariat de la paysannerie, ce qui eut pour résultat d'obliger le Parti bolchévik à reculer profondément.* » (*Krasnaïa Nov,* n° 2, 1923, p. 262.)

Le « trotskysme » a prédominé jusqu'à la Nep. Le bolchevisme n'a commencé qu'avec la Nep. Il est remarquable que Martynov ait tenu le même raisonnement au sujet de la Révolution de 1905. D'après lui, en Octobre, Novembre et Décembre 1905, c'est-à-dire au point culminant de la Révolution, le « trotskysme » prédominait. La politique vraiment marxiste ne commença qu'après l'écrasement de l'insurrection de Moscou, disons lors des élections de la première Douma. Aujourd'hui, Martynov oppose le bolchevisme au « trotskysme », en vertu de cette même idée qui lui faisait opposer, il y a vingt ans, le menchevisme au « trotskysme ». Et ces écrits passent pour du marxisme et alimentent les jeunes « théoriciens » du Parti !

28. — Dans son « Testament » (1), Lénine ne rappelle pas la discussion syndicale pour la présenter comme un désaccord provoqué par ma fameuse sous-estimation de la paysannerie. Lénine en parle comme d'un désaccord suscité par le Commissariat du Peuple des Transports, en m'attribuant non pas la faute de la « sous-estimation de la paysannerie », mais celle de mon inclination excessive au côté « purement administratif » de la question. Je crois que ces paroles saisissent le point essentiel du désaccord d'alors.

Le communisme de guerre s'était épuisé. L'agriculture et tout le reste étaient dans une impasse. L'industrie se délabrait. Les syndicats devenaient des organisations d'agitation et de mobilisation perdant toute indépendance. La crise des syndicats ne fut pas une « crise de croissance », elle était plutôt une crise de tout le système du communisme de guerre. Outre la Nep, on ne voyait pas d'autre issue. La tentative que je proposais d'encadrer l'appareil syndical dans le système de l'administration économique (inclination excessive au côté « purement administratif » de la question) ne montrait pas d'issue. Mais la résolution des « dix » (2) sur les syndicats ne montrait pas non plus d'issue, car dans les conditions données (agriculture dans l'impasse) les organisations syndicales, représentant les intérêts matériels et culturels de la classe ouvrière, l'école du communisme, perdaient le terrain sous leurs pas.

Sous les coups de l'insurrection de Cronstadt se cristallisait une nouvelle orientation économique du Parti, ouvrant aussi aux syndicats une perspective complètement nouvelle. Mais il est remarquable qu'au Xe Congrès, le Parti approuva una-

---

(1) Quelque temps avant de mourir, Lénine rédigea des notes d'appréciations et de directives concernant les militants les plus en vue du Parti communiste russe. Ces notes constituent ce qu'on appelle le « Testament de Lénine », document qui reste toujours caché au Parti par ses dirigeants, mais qui a cependant été publié par la plupart des revues d'opposition, et en particulier en France par *Contre le Courant*, organe de l'Opposition communiste.

(2) Les « dix » étaient : Lénine, Zinoviev, Staline, Kamenev, Tomsky, Losovsky, Roudzoutak, Kalinine, Petrovsky et Serguéiev.

nimement les premières bases de la Nep. Cependant, la résolution sur les syndicats ne fut pas mise en accord avec ces bases et conserva ainsi ses contradictions internes. Cela se montra quelques mois plus tard. La résolution sur les syndicats votée par le Xe Congrès dut être modifiée à fond encore avant le XIe Congrès. La nouvelle résolution, écrite par Lénine et adaptant le travail syndical aux conditions de la Nep, fut adoptée à l'unanimité.

Considérer la discussion syndicale en dehors de la question de toute notre politique économique, signifie encore aujourd'hui, après sept ans, qu'on n'a pas compris le sens de cette discussion. C'est de cette incompréhension que résulte le reproche de la « sous-estimation de la paysannerie ». Et précisément au cours de cette discussion syndicale, je lançai le mot d'ordre : « *Industrie, face au village !* » Les faussaires essaient maintenant de présenter la chose comme si j'avais été contre la Nep. Pourtant, des faits et des documents incontestables témoignent que déjà lors du Xe Congrès, j'avais soulevé plus d'une fois la question de la nécessité de la transition à l'impôt en nature et, dans certaines limites, à la forme marchande de la distribution (commerce libre). Ce n'est que le rejet de ces propositions qui m'obligea — vu la ruine progressive de l'économie — à chercher une autre issue, en sens inverse, c'est-à-dire l'issue « purement administrative » par l'intégration plus solide des syndicats — simplement comme appareil — dans l'administration économique du communisme de guerre. Non seulement je ne m'opposai pas à la transition à la Nep, mais au contraire, celle-ci allait au-devant de mes propres expériences dans l'économie et dans l'administration. Voilà le véritable contenu de la discussion syndicale.

Malheureusement, le volume de mes *Œuvres* consacré à cette période n'a pas été publié par les Éditions d'État.

29. — A en croire les historiens et les théoriciens actuels du Parti, on pourrait supposer que les six premières années de la Révolution ont été remplies d'un bout à l'autre par

des désaccords sur Brest-Litovsk et les syndicats. Tout le reste n'existe plus : ni la préparation d'Octobre, ni la Révolution elle-même, ni l'édification de l'Etat, ni l'organisation de l'Armée rouge, ni la guerre civile, ni les quatre Congrès de l'Internationale Communiste, ni le travail littéraire en général pour la propagande du communisme, ni le travail pour la direction des Partis communistes étrangers et de notre propre Parti. De tout ce travail, où dans toutes les parties essentielles je fus lié à Lénine par une solidarité absolue, il ne reste plus chez les historiens actuels que deux phases : Brest-Litovsk et les syndicats.

30. — Staline et ses auxiliaires se sont donné beaucoup de mal pour représenter la discussion syndicale comme une lutte « acharnée » que j'aurais menée contre Lénine.

Voici ce que je disais dans le feu de cette discussion à la fraction du Congrès des mineurs du 26 Janvier 1921 :

« *Le camarade Chliapnikov — dont peut-être j'exprimerai la pensée quelque peu sommairement — a déclaré ici : « Ne croyez pas à ce désaccord entre Trotsky et Lénine ; ils se mettront d'accord tout de même, et la lutte sera seulement dirigée contre nous. » Ne croyez pas, a-t-il dit. Je ne sais pas ce qu'il faut ici croire ou ne pas croire. Il va sans dire que nous nous mettrons d'accord. On peut discuter quand on examine certaines questions très importantes, mais cette discussion oriente nos idées dans le sens de l'union.* » (Extrait du discours de clôture de Trotsky au IIe Congrès panrusse des mineurs, 26 Janvier 1921.)

Voici un autre passage de mon discours cité par Lénine dans sa brochure :

« *Dans la plus vive polémique que j'aie eue avec Tomsky, j'ai toujours dit qu'il m'est absolument clair que seuls des hommes ayant l'expérience et l'autorité de Tomsky peuvent être nos dirigeants dans les syndicats. Je l'ai dit à la fraction de la conférence des syndicats, je l'ai répété ces jours-ci au théâtre Zimine. La lutte idéologique dans le Parti n'a pas pour but de voir les uns et les autres marquer des points, mais d'exercer une action des uns sur les autres.* » (P. 34 du compte rendu de la discussion du 30 Décembre.) (*Lénine, Œuvres, t. XVIII,* 1re *partie, p. 71.*)

Et voici ce que dit Lénine sur cette même question dans son discours de clôture au Xe Congrès du Parti, il fait le bilan de la discussion syndicale :

« *L'opposition ouvrière* (1) *déclarait : Lénine et Trotsky se mettront d'accord. Trotsky prenait la parole et disait :* « *Celui qui ne comprend pas qu'il est nécessaire de s'unir va à l'encontre du Parti, il est évident que nous nous unirons parce que nous sommes des hommes du Parti.* » *Je l'ai soutenu. Certes, nous avons été en désaccord avec Trotsky. Mais lorsqu'il se formera au Comité Central un groupe plus ou moins homogène, le Parti jugera, et jugera de façon que nous nous unissions conformément à la volonté et aux directives du Parti. Voilà avec quelle déclaration le camarade Trotsky et nous sommes allés au Congrès des mineurs et sommes venus ici (c'est-à-dire au Congrès du Parti).* » *(Lénine, t. XVIII,* 1re *partie, p. 132.)*

Est-ce que cela ressemble à ce fielleux barbouillage que l'on sert à présent, sur l'histoire de la discussion syndicale, dans les manuels politiques ignorantins de toute espèce ?

Mais le plus comique est de voir Boukharine exploiter imprudemment la discussion syndicale pour combattre le « trotskysme ». Voici comment Lénine jugeait son attitude dans cette discussion :

« *Jusqu'ici, dans la lutte, Trotsky a été le* « *principal* ». *Maintenant Boukharine l'a largement* « *dépassé* » *et complètement* « *éclipsé* ». *Il a créé dans la lutte un rapport entièrement nouveau, en tombant dans une erreur cent fois plus grande que toutes les erreurs de Trotsky prises ensemble.*

« *Comment se peut-il que Boukharine en soit venu à rompre de la sorte avec le communisme ? Nous connaissons tous la*

---

(1) L'Opposition ouvrière fut la première opposition conséquente qui se manifesta — en 1921 — au sein du Parti communiste russe, dès l'instauration de la *Nep*. Ses principaux militants furent Alexandra Kollontaï et Chliapnikov.

sensibilité de Boukharine. Elle est une des qualités qui fait qu'on l'aime et pour laquelle on ne peut pas ne pas l'aimer. Nous savons qu'on l'a maintes fois appelé en plaisantant : « cire molle ». Or, il se trouve que sur cette « cire molle », le premier individu « sans principes », le premier démagogue venu peut écrire n'importe quoi. Cette expression brutale qui figure entre guillemets, le camarade Kamenev l'a employée et avait le droit de l'employer dans la discussion du 17 Janvier. Mais il est évident qu'il ne viendra à l'esprit ni de Kamenev, ni de quiconque, d'expliquer ce qui s'est passé par de la démagogie sans principes et de tout mettre là-dessus. » (XVIIIe volume, 1er partie p. 35.)

LE IIIe CONGRÈS DE L'INTERNATIONALE COMMUNISTE

31. — Mais la question syndicale a-t-elle été la seule qui ait surgi dans la vie du Parti et de la République Soviétique, au cours des années de travail commun avec Lénine ? En cette même année 1921, quelques mois après notre Xe Congrès, se tint le IIIe Congrès de l'Internationale Communiste, qui joua un rôle énorme dans l'histoire du mouvement ouvrier international. Une lutte très sérieuse s'y déroula sur toutes les questions essentielles de la politique communiste. Cette lutte passa également par notre Bureau politique. Là-dessus, j'ai raconté brièvement certaines choses à une séance du Bureau Politique qui se tint presque aussitôt après notre XIVe Congrès :

« Le danger d'alors était que la politique de l'Internationale prenne la ligne des événements de Mars en Allemagne, c'est-à-dire cherche à créer fictivement une atmosphère révolutionnaire, et une « électrisation » du prolétariat, selon l'expression d'un camarade allemand. Cet état d'esprit prédominait au Congrès, et Vladimir Iliitch en était venu à la conclusion qu'en agissant ainsi, l'Internationale se briserait à coup sûr la tête. Avant le Congrès, j'écrivis à Radek une lettre, qu'ignorait Vladimir Iliitch, pour l'informer de l'impression que j'avais des événements de Mars.

En raison d'une situation aussi délicate, ne connaissant pas l'opinion de Vladimir Iliitch et sachant que Zinoviev, Boukharine et Radek appuyaient en général la gauche allemande, je me gardai, bien entendu, de me prononcer ouvertement, et j'écrivis une lettre (sous forme de thèse) au camarade Radek pour qu'il me fît connaître son avis. Radek et moi ne pûmes tomber d'accord. L'ayant appris, Vladimir Iliitch me fit venir et me caractérisa la situation dans l'Internationale comme liée à d'immenses dangers. Dans l'analyse de la situation et des tâches qui en découlaient, nous fûmes pleinement solidaires.

« Après cet entretien, Vladimir Iliitch fit appeler Kamenev pour avoir au Bureau politique une majorité assurée. Le Bureau politique se composait alors de 5 personnes. En comptant Kamenev nous étions trois ; nous avions par conséquent la majorité. Dans notre délégation, il y avait d'un côté Zinoviev, Boukharine et Radek ; d'un autre côté Vladimir Iliitch, Kamenev et moi. Chaque groupe tenait de véritables séances. A ce moment, Lénine déclara : « Nous créons une nouvelle fraction ». Dans les conversations qui suivirent au sujet du texte de la résolution, je représentais la fraction de Vladimir Iliitch, et Radek la fraction de Zinoviev.

« (Zinoviev. — Maintenant la situation a changé !)

« — Effectivement, elle a changé. A ce moment, Zinoviev accusa avec une certaine vivacité Radek d'avoir « trahi » sa fraction dans ces conversations, c'est-à-dire consenti de trop grandes concessions. La lutte fut vive dans tous les Partis de l'Internationale. Vladimir Iliitch se concertait avec moi sur ce qu'il y aurait lieu de faire au cas où le Congrès se prononcerait contre nous : nous inclinerions-nous devant le Congrès, dont les décisions pouvaient être désastreuses, ou résisterions-nous ? On peut trouver des échos de ces entretiens dans le sténogramme de mon discours. Je déclarai alors — d'accord avec Iliitch — que si « vous, Congrès, émettez une décision contre nous, je pense que vous nous laisserez certaines limites afin de pouvoir défendre notre point de vue par la suite ». Le sens de cet avertissement était très clair. Je dois dire cependant qu'au sein de notre délégation, les rapports demeurèrent

empreints, grâce à la direction de Vladimir Iliitch, de la plus grande camaraderie. » (Sténographie de la séance du Bureau Politique du P. C. de l'U. R. S. S. du 18 Mars 1926, p. 12-13.)

D'accord avec Lénine, je défendis notre position commune devant le Comité Exécutif, dont les séances précédaient celles du III⁰ Congrès. Je fus l'objet d'une violente attaque de la part des « gauches ». Vladimir Iliitch se précipita à la séance de l'Exécutif et voici ce qu'il y déclara :

« ... *Je suis venu pour protester contre le discours de Béla Kun qui est intervenu contre Trotsky au lieu de le défendre, comme il aurait dû le faire s'il avait voulu agir en vrai marxiste...* »

« ... *Le camarade Laporte a eu absolument tort et Trotsky tout à fait raison de protester... Trotsky avait mille fois raison de redire cela. Or, voilà que le camarade luxembourgeois fait grief au Parti français de n'avoir pas saboté l'occupation du Luxembourg. Il pense, comme le suppose Béla Kun, que c'est une question géographique. Non, il s'agit là d'une question politique, et Trotsky a eu tout à fait raison de protester...* »

« ... *Voilà pourquoi j'ai cru de mon devoir d'appuyer l'essentiel de tout ce qu'a dit Trotsky...* » Et ainsi de suite.

Tous les discours de Lénine ayant trait au III⁰ Congrès reflètent cette façon très nette de souligner une complète solidarité avec Trotsky.

L'ÉDUCATION DE LA JEUNESSE DU PARTI

32. — En 1922, sur l'initiative de Ter-Vaganian, fut fondée la revue : *Sous le drapeau du marxisme*. Dans le premier fascicule, j'ai publié un article sur la différence des conditions d'éducation des deux générations du Parti, la vieille et la nouvelle, et sur la nécessité d'un travail théorique particulier à l'égard de la nouvelle génération, afin d'assurer une continuité théorique et politique au développement du Parti. Dans le fascicule suivant de la nouvelle revue, Lénine écrivit :

« *Au sujet des principales tâches de la revue :* Sous le drapeau du marxisme, *Trotsky a dit on ne peut mieux, dans les n°s 1-2, tout ce qu'il y avait à dire d'essentiel. Je ne voudrais m'arrêter que sur quelques questions qui définissent de plus près le contenu et le programme du travail que la rédaction de la revue a exposé dans la déclaration parue dans les n°s 1-2.* » (Lénine, *Œuvres*, t. XX, 2e partie, p. 492.)

Qu'on vienne affirmer après cela que la solidarité dans ces questions essentielles a été purement accidentelle ! Le seul fait accidentel, c'est que cette solidarité ait été aussi nettement attestée dans la presse. La plupart du temps, elle s'est uniquement attestée dans les actes.

LES RAPPORTS AVEC LES PAYSANS

33. — Lorsque Boukharine, après avoir purement et simplement nié ou ignoré l'existence de la paysannerie, lança le mot d'ordre koulak : « *Enrichissez-vous* », il pensa, par cela même, avoir à jamais corrigé ses anciennes erreurs. Non content de cela, il essaya d'amalgamer les désaccords sur Brest-Litovsk avec les autres désaccords partiels que j'eus avec Vladimir Iliitch en une seule et même question : l'attitude envers les paysans. Les inepties, les vilenies dont se sert à ce sujet la petite chapelle boukharinienne sont innombrables. Pour les réfuter, un volume entier serait nécessaire. Je ne m'arrêterai que sur l'essentiel.

a) Je n'examine pas les anciens désaccords qui eurent lieu effectivement avant la Révolution. Je me borne à dire qu'ils ont été monstrueusement exagérés, déformés, dénaturés par l'agence stalinienne et la petite chapelle de Boukharine.

b) En 1917, je n'avais sur la question paysanne aucun désaccord avec Lénine.

c) Vladimir Iliitch « adopta » le programme agraire des socialistes-révolutionnaires en accord complet avec moi.

d) Je fus le premier à prendre connaissance, écrit au crayon, du décret de Lénine sur la terre. Il n'y eut pas le moindre désaccord. L'unité de vues était complète.

e) On doit bien penser que dans la politique alimentaire, la question paysanne ne tenait pas la dernière place. De plats valets dans le genre de Martynov déclarent que cette politique était une politique « trotskyste » (voir l'article de Martynov dans la *Krassnaïa Nov*, 1923). Non, c'était une politique bolchévique. J'ai pris part à son application en collaboration intime avec Lénine. Il n'y eut pas l'ombre d'un désaccord.

f) Le cours sur le paysan moyen fut adopté avec ma participation la plus active. Les membres du Bureau Politique savent qu'après la mort de Sverdlov, la première idée de Vladimir Iliitch avait été de nommer Kamenev président du Comité Central Exécutif. Ce fut moi qui proposai de choisir une figure « ouvrière et paysanne ». Je mis en avant la candidature de Kalinine, et c'est moi-même qui lui donnai le nom de *starosta* (1) russe. Tout cela évidemment n'est que détails sur lesquels on ne devrait pas s'arrêter. Mais aujourd'hui ces détails, ces indices sont autant de charges écrasantes contre les falsificateurs des événements d'hier.

g) Les neuf dixièmes de notre politique et de notre organisation militaires se ramenaient à la question de l'attitude de l'ouvrier à l'égard du paysan. Contre le système petit-bourgeois des corps de partisans et la fantaisie dans l'organisation, j'ai appliqué cette politique en collaboration intime avec Vladimir Iliitch.

Voici, par exemple, une série de télégrammes que j'ai envoyés de Simbirsk et de Roussaïevsk (Mars 1919) et qui traitent de la nécessité de prendre des mesures énergiques pour améliorer les rapports avec les paysans moyens. Je demandai qu'on envoyât une commission autorisée sur la Volga pour contrôler les autorités locales et rechercher les causes du mécontentement des paysans.

---

(1). Maire de village, généralement le doyen.

Dans le troisième de ces télégrammes — Direct : Moscou, Kremlin, Staline (personnel) — il est dit :

« *Tâche de la Commission : maintenir chez les paysans de la Volga la foi en le pouvoir soviétique central, remédier sur place aux injustices les plus criantes et punir les représentants coupables du pouvoir soviétique, recueillir les plaintes et les documents* pouvant servir de base à des décrets démonstratifs en faveur des paysans moyens. *L'un des membres pourrait être Smilga, l'autre devrait être Kamenev ou une autre compétence.* » (22 Mars 1919, n° 813.)

Ce télégramme — entre beaucoup d'autres — sur les décrets nécessaires en faveur des paysans moyens a été envoyé par moi à Staline, et non par Staline à moi. Et ce fut non pas à l'époque du XIVe Congrès, mais au début de 1919, lorsque l'opinion de Staline sur le paysan moyen était encore inconnue.

Ainsi, chaque feuille de nos archives — indistinctement — démasque aujourd'hui les stupidités inventées après coup sur la sous-estimation de la paysannerie ou du paysan moyen !

h) Au début de 1920, me basant sur l'analyse de la situation de l'économie rurale, je proposai au Bureau Politique une série de mesures ayant un caractère de Nep. En aucun cas, cette proposition ne pouvait être inspirée par de la « négligence » à l'égard de la paysannerie.

i) La discussion syndicale a été, comme on l'a dit, une tentative de sortir de l'impasse économique. La transition à la Nep fut opérée avec une unanimité complète.

34. — Tout cela peut être démontré par des documents incontestables. Un jour viendra où cela sera fait. Pour le moment, je me bornerai à fournir deux citations.

Répondant à des questions ayant trait à notre attitude à l'égard des koulaks, des paysans moyens, des paysans pauvres, et à de soi-disant désaccords entre Lénine et Trotsky sur la paysannerie, j'écrivais en 1919 :

« *Dans le Gouvernement soviétique, il n'y a jamais eu et il n'y a pas de désaccords sur cette question. Mais les contre-révo- jutionnaires, dont les affaires vont de mal en pis, n'ont d'autre ressource que de mystifier les masses laborieuses au sujet d'une prétendue lutte intestine qui déchirerait le Conseil des Commissaires du Peuple.* » (*Izvestia*, 7 Février 1919.)

A ce propos, en réponse à une question du paysan Goulov, Lénine écrivit ce qui suit :

« *Les* Izvestia *du 2 Février ont inséré une lettre du paysan G. Goulov qui pose la question de l'attitude de notre Gouvernement ouvrier et paysan à l'égard des paysans moyens, et se fait l'écho de bruits circulant sur la mésentente qui régnerait entre Lénine et Trotsky, et sur leurs sérieux désaccords justement au sujet du paysan moyen.*

« *Trotsky a déjà donné sa réponse dans la* « *Lettre aux paysans moyens* » *des* Izvestia *du 7 Février. Dans cette lettre, Trotsky déclare que les bruits de désaccords entre lui et moi sont un mensonge des plus monstrueux et des plus éhontés répandu par les grands propriétaires et les capitalistes ou leurs agents conscients et inconscients. De mon côté, je confirme entièrement la déclaration de Trotsky. Entre lui et nous, il n'y a pas le moindre désaccord. Quant aux paysans moyens, nous n'avons pas de désaccords non seulement avec Trotsky, mais en général il n'en existe pas dans le Parti Communiste auquel nous appartenons tous les deux...*

« *Dans sa lettre, Trotsky a expliqué d'une façon claire et détaillée pourquoi le Parti Communiste et le Gouvernement ouvrier et paysan actuel, élu par les Soviets, ne regardent pas les paysans moyens comme leurs ennemis. Je signe des deux mains ce qu'a dit le camarade Trotsky.* » (*Œuvres*, t. XVI, p. 28-29, et *Pravda*, du 15 Février 1919.)

Ainsi, là encore, nous nous trouvons en face de la même situation : une calomnie lancée tout d'abord par les gardes-blancs, aujourd'hui empruntée, amplifiée, propagée par l'école stalino-boukharienne.

LE TRAVAIL MILITAIRE

35. — Au sujet de mon travail militaire dont le début

remonte au printemps 1918, on tente également, sous la direction de Staline, de refaire toute l'histoire de la guerre civile, dans le seul but de combattre le « trotskysme » ou, plus exactement, de combattre Trotsky.

Parler de la création de l'armée rouge et de mes rapports avec ce travail, serait écrire l'histoire de la guerre civile. Pour l'heure, ce sont les Goussiev qui l'écrivent. Plus tard, d'autres l'écriront. Je suis obligé de me borner à deux ou trois exemples, que je puis appuyer de documents.

Lorsque Kazan fut prise par nos armées, je reçus de Lénine, en rapide convalescence, un télégramme de félicitations :

« *Salue avec enthousiasme brillante victoire de l'armée rouge. Qu'elle soit le présage que l'union des ouvriers et des paysans révolutionnaires abattra la bourgeoisie, brisera la résistance des exploiteurs et assurera la victoire du socialisme international ! Vive la Révolution ouvrière !*

10 septembre 1918. Lénine. »

Le diapason très élevé — élevé pour quiconque connaît Lénine — du télégramme (« *Salue avec enthousiasme* ») témoigne de la grande importance qu'il attribuait — et pour cause ! — à la prise de Kazan. Au fond, c'est à cette occasion que la solidité de l'union des ouvriers et des paysans révolutionnaires fut, pour la première fois, mise à l'épreuve, de même que la capacité du Parti de créer une armée révolutionnaire et combative au milieu du chaos économique et de l'affreux désespoir du lendemain de la guerre impérialiste. C'est ici que la constitution de l'armée rouge fut mise à l'épreuve du feu, et Lénine connaissait la valeur de cette épreuve.

36. — Au VIIIe Congrès du Parti, la politique militaire fut critiquée par un groupe de délégués militaires. Récemment, Staline et Vorochilov ont raconté que je n'ai pas osé me montrer au VIIIe Congrès, de peur d'être critiqué. Comme c'est loin de la réalité ! Voici la décision prise par le Comité Central sur mon voyage au front à la veille du VIIIe Congrès :

EXTRAIT DU PROCÈS-VERBAL
DE LA SÉANCE DU COMITÉ CENTRAL DU P. C. R. (BOLCH.)
DU 16 MARS 1919

Présents : *Lénine, Zinoviev, Krestinsky, Vladimirsky, Staline, Schmidt, Smilga, Dzerjinsky, Lachévitch, Boukharine, Sokolnikov, Trotsky, Stassova.*

<table>
<tr><td>QUESTIONS</td><td>DÉCISIONS</td></tr>
</table>

12. Quelques camarades délégués, venant du front, ayant pris connaissance de la décision du Comité Central concernant le renvoi immédiat des militaires sur le front, considèrent cette décision comme erronée, vu que les organisations du front pourraient l'interpréter comme un refus du Comité Central d'entendre les voix de l'armée, et quelques-uns la considèrent comme un truc, le départ du cam. Trotsky pour le front et la non-admission des délégués de l'armée (renvoyés au front) rendant absolument vaine la discussion de la politique militaire. Le cam. Trotsky proteste contre l'interprétation de la décision du Comité Central comme un « truc », en invoquant la situation extrêmement sérieuse créée par le recul d'Oufa vers l'ouest et en insistant sur son départ.

1. Le cam. Trotsky partira immédiatement sur le front.

2. Le cam. Sokolnikov déclarera à l'assemblée des délégués du front que la décision de leur départ est modifiée en ce sens que partiront ceux qui croient leur présence au front nécessaire.

3. La question de la politique militaire sera discutée au Congrès comme premier point de l'ordre du jour.

4. Le cam. Vladimir Mikhaïlovitch Smirnov est autorisé, sur sa demande, à rester à Moscou.

Voilà un bon exemple du régime du Parti à cette époque : on permettait à tous ceux qui attaquaient la politique militaire du Comité Central, et en premier lieu au dirigeant de l'opposition militaire, V. M. Smirnov, de rester à Moscou pour assister au Congrès. Les partisans de la ligne officielle, en revanche, furent envoyés au front encore avant l'ouverture du Congrès. A présent c'est le contraire qui a lieu.

Les procès-verbaux de la section militaire du VIIIe Congrès, où Lénine intervint pour défendre résolument la politique militaire que j'avais appliquée par ordre du Comité Central, n'ont pas été publiés jusqu'ici. Pourquoi ? Précisément parce qu'ils clouent au pilori les contre-vérités de Staline et de Goussiev sur la guerre civile.

37. — Staline a essayé de mettre en circulation la version artificielle d'une divergence militaire ayant surgi au début de 1919 au Bureau Politique sur le front oriental. Cette divergence consistait en ceci : « Faut-il continuer l'avance en Sibérie ou se fixer sur l'Oural et jeter toutes les forces disponibles vers le Sud pour liquider la menace sur Moscou ? » Un moment, j'ai incliné vers la seconde solution. La première, qui fut adoptée et donna d'excellents résultats, était soutenue par beaucoup de collaborateurs militaires, comme Smilga, Lachévitch, I. N. Smirnov, K. I. Grunstein, etc. Cette divergence ne portait pas sur des principes, mais sur des mesures purement pratiques. L'épreuve montra que les armées de Koltchak étaient complètement désagrégées. L'avance en Sibérie fut couronnée d'un plein succès.

38. — Le travail militaire était une dure besogne. Il ne pouvait se passer de mesures de coercition et de répression. Il n'y eut pas peu d'amour-propres blessés, le plus souvent parce qu'il n'y avait pas moyen d'agir autrement, et quelquefois à cause de mesures erronées. Lorsque surgit le désaccord sur le front oriental et que le Comité Central décida de changer le commandement en chef, je proposai au Comité Central de me relever de ma fonction de Commissaire du

Peuple à la Guerre. Le même jour (5 Juillet 1919), le Comité Central prit une décision dont voici la partie la plus importante :

« Les Bureaux Politique et d'Organisation du Comité Central, après avoir pris connaissance de la déclaration du cam. Trotsky et l'avoir discutée, décident qu'ils ne sont point en état d'accepter la démission du cam. Trotsky.

« Les Bureaux Politique et d'Organisation feront tout ce qui est en leur pouvoir pour rendre le plus commode possible pour lui et le plus fécond possible pour la République le travail du cam. Trotsky sur le front sud, qu'il a choisi lui-même et qui est actuellement le plus dangereux, le plus difficile et le plus important. Dans ses décrets comme Commissaire à la Guerre et Président du Conseil Militaire révolutionnaire, le cam. Trotsky pourra agir le plus librement, de même que comme membre du Conseil militaire révolutionnaire du front sud, avec le commandant de ce front (Iégorov) qu'il a choisi lui-même et que le Comité Central a confirmé.

« Les Bureaux Politique et d'Organisation laissent au cam. Trotsky pleine liberté de corriger par tous les moyens la ligne de conduite militaire, et, s'il le désire, hâteront la convocation du Congrès du Parti. »

Cette résolution porte les signatures de Lénine, Kamenev, Krestinsky, Kalinine, Sérébriakov, Staline, Stassova.

Par cette décision, qui parle d'elle-même, le litige fut liquidé et le travail continua.

Par ailleurs, à la séance commune du Bureau Politique et du Présidium du Comité Central Exécutif du 8 Septembre 1919, Staline a déclaré, d'après le sténogramme, que le Comité Central m'aurait « interdit » d'assumer le commandement du front sud. La résolution ci-dessus lui donne une réponse catégorique.

39. — Cependant, le désaccord sur le front oriental fut-il le seul de ce genre ? Nullement. Il y eut des désaccords sur le plan stratégique de lutte contre Denikine. Il y eut des

divergences sur Pétrograd : fallait-il laisser la ville à Youdénitch ou la défendre ? Il y eut aussi des divergences sur l'offensive contre Varsovie et sur la possibilité d'une seconde campagne, après notre retraite sur Minsk. Les désaccords de ce genre résultaient de la pratique de la lutte et se liquidèrent dans la lutte.

Des documents typiques sur la question du front sud sont publiés dans mon livre *Comment s'est armée la Révolution.* (Vol. II, p. 301.)

Pendant l'avance de Youdénitch sur Pétrograd, Lénine pensa un moment qu'il serait impossible de défendre la ville et qu'il faudrait replier la ligne de défense vers Moscou. Je me prononçai contre. Zinoviev et, je crois, aussi Staline, m'appuyaient. Le 17 Octobre 1919, Lénine m'envoya la dépêche que voici à Pétrograd :

« *Cam. Trotsky. Nous avons passé la nuit dernière au Conseil de la Défense et vous en avons envoyé la décision sous le chiffre...*

« *Comme vous le voyez, votre plan est adopté. Mais l'éventualité d'une retraite des ouvriers de Pétersbourg vers le sud n'est naturellement pas écartée (on dit que vous avez développé cela à Krassine et à Rykov) ; en parler sans nécessité absolue, ce serait distraire l'attention de la lutte.*

« *La tentative de contourner et de couper Pétrograd suscitera naturellement des modifications appropriées, et qu'il vous incombera de décider sur place.*

« *Dans chaque section de l'exécutif régional, chargez une personne de confiance de recueillir les documents soviétiques en cas d'évacuation.*

« *Je joins le manifeste que le Conseil de la Défense m'a chargé de rédiger. Je me suis fort dépéché — et il est devenu mauvais ; mettez ma signature plutôt au-dessous de la vôtre.*

« *Salut !*

« LÉNINE ».

De pareils épisodes n'étaient pas rares. Ils étaient d'une

grande importance dans le moment donné, mais sans importance de principe. Il ne s'y agissait pas de lutte de principes, mais de l'élaboration du meilleur plan pour repousser l'ennemi au moment et à l'endroit donnés.

Les Staline et les Goussiev essaient d'écrire à nouveau l'histoire de la guerre civile. Ils n'y réussiront pas !

40. — Le côté le plus abominable de cette campagne est l'accusation d'avoir « *fait fusiller des communistes* ». Cette accusation fut naguère répandue par nos ennemis, c'est-à-dire par les services politiques des armées blanches qui cherchaient à diffuser, parmi nos soldats rouges, des tracts accusant le commandement rouge et en particulier Trotsky de férocité.

Aujourd'hui l'agence Staline emboîte le pas.

Admettons un instant que tout cela soit exact. Dès lors, pourquoi donc Staline, Yaroslavsky, Goussiev et autres agents de Staline se sont-ils tus pendant la guerre civile ? Que signifient les tardives « révélations » actuelles de l'agence Staline ? — Que le Parti vous a trompés, ouvriers, paysans, soldats rouges, lorsqu'il vous a dit que Trotsky, à la tête de l'armée, exécutait la volonté du Parti et appliquait sa politique. Dans ses innombrables articles sur le travail de Trotsky, dans les décisions de ses Congrès et des Congrès des Soviets, le Parti vous a trompés en approuvant le travail militaire de Trotsky et en vous cachant des faits tels que l'exécution de communistes. Et Lénine, qui soutint résolument la politique militaire de Trotsky, a trempé dans cette mystification. Voilà le sens des tardives « révélations » de Staline. Ce n'est pas Trotsky qu'elles compromettent, mais le Parti, et sa direction. Elles sapent la confiance des masses dans les bolcheviks en général : si dans le passé, lorsque Lénine et le noyau principal de ses collaborateurs, se trouvaient à la tête du Parti, on pouvait dissimuler en haut lieu des fautes monstrueuses, voire des crimes, à quoi ne peut-on pas s'attendre, aujourd'hui que la composition du Comité Central a infiniment moins d'autorité ? Si par exemple, en 1923, alors que la guerre civile était depuis longtemps terminée, Yaroslavsky entonnait sur un ton frénétique les louanges de Trotsky, vantait sa fidélité, son dévouement révolutionnaire à la cause de la classe ouvrière, que doit dire aujourd'hui le jeune membre du Parti qui réfléchit ? Il doit se demander : « Quand donc Yaroslavsky m'a-t-il trompé : lorsqu'il portait Trotsky aux nues, ou maintenant lorsqu'il cherche à le couvrir de boue ? »

Telle est, en général, toute la besogne actuelle de Staline et de ses agents qui s'efforcent de fabriquer après coup une nouvelle Histoire à la Staline. Telle est, en particulier, la fameuse « révélation » stalinienne au sujet de Michel Romanov. (1) Au fond, qu'est-ce que Staline a dit au Parti et à l'Internationale Communiste : « Pendant dix années, le Comité Central vous a trompés sur Kaménev. La *Pravda* a inséré, au nom de la rédaction, un démenti mensonger. Lénine a mystifié le Parti. Moi, Staline, j'ai participé à ce mensonge. Mais puisqu'à présent Kaménev a des divergences politiques avec moi, je démasque toute cette duperie. » La masse du Parti n'a pas la possibilité de vérifier la plupart des « révélations » staliniennes, mais il est une chose qui pénètre solidement dans le sentiment du Parti, c'est l'amoindrissement de la confiance dans sa direction, celle d'hier, celle d'aujourd'hui, celle de demain. Contre Staline et le stalinisme, le Parti devra reconquérir cette confiance.

41. — On sait que Goussiev a fait preuve d'une énergie toute particulière dans la refonte littéraire de notre passé militaire. Il a même écrit une brochure : *Nos désaccords militaires*. Pour la première fois, ce me semble, la légende empoisonnée des exécutions de communistes (non pas de déserteurs ou de traîtres, mais de communistes) a été propagée dans cette brochure.

Le malheur de Goussiev comme de beaucoup d'autres

---

(1) Cette « révélation » a trait à un télégramme que Kamenev signa, après la Révolution de Mars, à l'issue d'un meeting présidé par lui en Sibérie, et qui fut adressé au grand-duc Michel pour le féliciter de n'avoir pas accepté la couronne sans l'assentiment de l'Assemblée Constituante.

est d'avoir écrit deux fois sur les mêmes événements et les mêmes questions : une fois sous Lénine, une autre fois sous Staline.

Voici ce que Goussiev écrivit une première fois :

« L'arrivée de Trotsky (sous Kazan) retourna littéralement la situation. Le train de Trotsky, s'arrêtant à la station perdue de Sviajsk, amena avec la ferme volonté de vaincre, l'initiative et l'influence décisive dans tous les domaines du travail militaire. Dès les premiers jours, dans la station encombrée par les services de l'arrière d'une masse de régiments et les services de la section politique et du ravitaillement, comme dans les divisions cantonnées à 15 verstes à l'avant, on sentit qu'un changement profond venait de s'opérer.

« Cela se manifesta avant tout dans le domaine de la discipline... Les rudes méthodes de Trotsky en cette période de guerre de partisans, d'indiscipline et de forfanterie grossière, étaient par-dessus tout opportunes et nécessaires. On ne pouvait rien faire par la persuasion et, de toute façon, on n'en avait pas le temps. Pendant les 25 jours que Trotsky passa à Sviajsk, un immense travail fut accompli, qui transforma les divisions désorganisées et en pleine décomposition de la Cinquième Armée en corps de troupes capables de combattre, et les prépara à la prise de Kazan. » (Prolétarskaïa Révolioutsia, n° 2-25, 1924.) Chaque membre du Parti ayant fait la guerre civile et n'ayant pas perdu la mémoire, dira — du moins en lui-même s'il craint de le dire tout haut — que l'on pourrait apporter non pas des dizaines mais des centaines de témoignages écrits entièrement analogues à celui de Goussiev.

42. — Je me bornerai à faire appel à des témoignages d'une plus haute autorité. Dans ses souvenirs sur Lénine, Gorki raconte :

« Frappant du poing sur la table, il (Lénine) s'écria : « Pourriez-vous nous indiquer un autre homme capable, en une année, d'organiser une armée presque complète, et, d'autre part, de gagner la sympathie des spécialistes militaires ? Cet homme, nous

l'avons. Nous avons tout ce qu'il faut. Et il y aura des miracles. »
(*Vladimir Lénine*, Éditions d'État, Léninegrad, 1924, p. 23.)

D'après Gorki, Lénine déclara dans la même conversation:
« Oui, oui, je sais que là-bas on raconte toutes sortes de mensonges sur mes rapports avec lui. Des mensonges, on en raconte beaucoup, et il paraît que je suis particulièrement visé avec le camarade Trotsky. » (Ibid.)

En effet, on a dit bien des mensonges sur les rapports entre Lénine et Trotsky. Mais peut-on comparer les grossiers mensonges d'alors avec ce qui est organisé aujourd'hui systématiquement à l'échelle nationale et internationale ? A ce moment, c'étaient les ultra-réactionnaires, les gardes-blancs et, dans une certaine mesure, les socialistes-révolutionnaires et les menchéviks qui mentaient. Maintenant c'est la fraction stalinienne qui s'est emparée de cette arme !

43. — A la séance de la fraction du Conseil Central des Syndicats du 12 Janvier 1920, Lénine déclarait :

« Si nous avons vaincu Dénikine et Koltchak, c'est parce que chez nous la discipline fut plus grande que dans tous les pays capitalistes du monde. Trotsky a établi la peine de mort, nous l'en approuvons. Il l'a établie par l'organisation consciente et l'agitation des communistes. »

44. — Je n'ai pas sous la main bon nombre de discours que Lénine prononça pour défendre la politique militaire que j'ai appliquée en complet accord avec lui. En particulier, le procès-verbal de la Conférence des délégués du VIIIe Congrès sur la question militaire n'a pas été publié. Pourquoi ? Parce qu'à cette Conférence, Lénine est intervenu de toutes ses forces contre les adeptes de Staline qui, aujourd'hui, s'appliquent si bien à falsifier le passé.

45. — Mais je suis en possession d'un document qui en vaut une centaine d'autres. J'ai parlé de ce document au Bureau de la Commission Centrale de Contrôle, lorsque Yaroslavsky — non sans que le camarade Ordjonikidzé protestât — ramassa cette calomnie empoisonnée ; j'ai produit ce document

à la dernière session élargie d'Août 1927, lorsque Vorochilov s'est engagé sur les traces de Yaroslavsky.

De sa propre initiative, Lénine me remit une feuille en blanc au bas de laquelle figuraient les lignes suivantes :

« *Camarades,*

« *Connaissant la rigueur des ordres du camarade Trotsky, je suis tellement persuadé, si absolument convaincu de la justesse, de l'opportunité et de la nécessité, dans l'intérêt de la cause, de l'ordre donné par le camarade Trotsky que je l'approuve entièrement.*

« V. OULIANOV (LÉNINE). »

J'ai déjà expliqué au Bureau de la Commission Centrale de Contrôle à quel usage était destinée cette feuille en blanc :

« *Lorsqu'il me la remit, et qu'au bas de la feuille blanche je vis ces lignes écrites, je demeurai perplexe. Des renseignements me sont parvenus, me dit-il, que l'on fait courir contre vous le bruit que vous exécutez des communistes. Je vous donne cette feuille en blanc et je puis vous en donner tant que vous voudrez afin qu'on sache que j'approuve vos décisions. En haut de la page, vous pouvez écrire n'importe quelle décision, qui, ainsi, sera revêtue de ma signature.* » Cela se passait en Juin 1919. Aujourd'hui, on colporte tellement d'histoires sur mon attitude à l'égard de Lénine et, ce qui est beaucoup plus important, sur l'attitude de Vladimir Iliitch à mon égard, que je voudrais bien que quelqu'un me montrât un blanc-seing de ce genre, une feuille en blanc comme celle-ci avec la signature de Vladimir Iliitch au bas, et où celui-ci déclare approuver à l'avance toute décision de moi, quelle qu'elle soit — alors que, de cette décision, dépendait souvent non seulement le sort de certains communistes, mais des choses beaucoup plus graves. »

LES QUESTIONS ÉCONOMIQUES

46. — On sait que Martynov considère la guerre civile et le communisme de guerre comme du « trotskysme ». Cette doctrine

est maintenant devenue très populaire. La création d'armées du travail, la militarisation du travail et autres mesures comme les méthodes de distribution des produits, nées des conditions de l'époque, sont présentées par les philistins et les ignorants comme des phénomènes de « trotskysme ». De quel côté était Lénine dans cette question ?

Dans la section d'organisation du VIIe Congrès des Soviets, on discuta la question du bureaucratisme des organes dirigeants et des institutions centrales. Je soulignai dans mon discours que la bureaucratie peut étrangler l'économie, que le centralisme n'est pas un principe absolu, que les rapports réciproques nécessaires entre l'initiative locale et la direction centrale étaient encore à trouver dans la pratique. Dans son discours, Lénine se déclara pleinement d'accord avec mon intervention sur le centralisme, ajoutant :

« *Je dis enfin que je suis entièrement d'accord avec Trotsky lorsqu'il dit qu'on a fait ici des tentatives tout à fait erronées de présenter nos désaccords comme un différend entre les ouvriers et les paysans et pour poser à ce propos la question de la dictature du prolétariat.* » (Discours du 8 Décembre 1918, *Œuvres*, t. XVI, p. 433.)

« Nos désaccords » — ce furent ces différends de longue durée où Lénine et Trotsky se trouvaient d'un côté, et Rykov, Tomsky, Larine, etc., de l'autre. Staline restait dans ces discussions, comme dans bien des cas, dans la coulisse, dans l'expectative.

47. — A la séance de la fraction de la C. G. T., 12 Janvier 1920, Lénine disait ceci au sujet de « nos désaccords » avec Rykov, Tomsky, etc :

« *Qui a commencé ces dégoûtantes querelles ? Ce n'est pas le cam. Trotsky : on n'en trouve pas trace dans ses thèses. La polémique a été suscitée par Lomov, Rykov et Larine. Chacun d'eux se trouve au plus haut poste : membre du présidium du Conseil supérieur de l'Économie publique. Vous avez un président de ce Conseil avec tant de titres qu'il me faudrait cinq minutes de mon discours de dix minutes pour les énumérer. C'est pourquoi il est* *vain ici de dire qu'on attache à cette Assemblée un intérêt particulier... Le cam. Rykov et d'autres ont commencé cette dégoûtante querelle publique. Trotsky a posé la question des tâches nouvelles, et les autres ont provoqué une polémique avec le VIIe Congrès des Soviets. Nous savons que Lomov, Rykov et Larine ne l'ont pas dit directement dans leur article idiot. Un orateur a dit ici : il ne faut pas polémiser contre le VIIe Congrès des Soviets. Ce Congrès a fait une faute : dites-le ouvertement, corrigez cela dans l'Assemblée, mais ne bavardez pas sur la centralisation et la décentralisation. Rykov dit qu'on devrait parler de la centralisation et de la décentralisation parce que Trotsky n'en a pas tenu compte. Cet homme croit avoir affaire à des gens bornés qui auraient déjà oublié les premières lignes des thèses de Trotsky où il est dit : « L'économie a pour condition un plan général... », etc. Savez-vous lire le russe, chers Rykov, Lomov et Larine ? Retournons à l'époque où vous n'aviez que seize ans et commençons à parler de centralisation et de décentralisation. Et c'est cela la tâche publique des membres du bureau du présidium du Conseil supérieur de l'Economie ! C'est un tel non-sens et un si misérable raisonnement que c'est vraiment une honte d'y perdre son temps. »*

Et plus loin :

« La guerre nous a appris à porter la discipline au maximum et à centraliser des dizaines et des centaines de milliers d'hommes, de camarades, qui ont péri pour sauver la République soviétique. Sans cela, nous serions au diable. »

D'ailleurs, ce discours qui est à la disposition de l'Institut Lénine n'a pas été reproduit, uniquement parce qu'il gêne les falsificateurs actuels. La dissimulation posthume d'une partie des idées de Lénine est un élément nécessaire de la déviation de la voie du léninisme. On ne publiera ce discours de Lénine que lorsqu'on cherchera querelle à Rykov.

48. — Au VIIe Congrès des Soviets, Lénine dit ceci sur mon travail dans les transports et les chemins de fer :

« ... Vous avez déjà vu, dans les thèses des cam. Echmanov et Trotsky que nous sommes en présence, dans ce domaine (restau-

ration des transports), d'un véritable plan, élaboré pour de longues années. Le décret n° 1.042 prévoit pour cinq ans. En cinq années, nous pourrons restaurer nos transports, diminuer le nombre des locomotives invalides, et, ce qui est le plus difficile, d'après la thèse 9, nous avons peut-être déjà réduit ce délai.

« Quand on élabore de grands projets, calculés pour plusieurs années, il se présente souvent des sceptiques qui disent : pourquoi calculer plusieurs années à l'avance ? Que le ciel nous aide à faire ce qu'il nous faut immédiatement. Camarades, il faut savoir lier l'un à l'autre ; on ne peut travailler sans plan pour une longue période avec un succès sérieux. L'essor indubitable du travail dans le domaine des transports démontre que c'est nécessaire. Je voudrais attirer votre attention sur le passage de la neuvième thèse qui dit que le délai de restauration sera de quatre ans et demi, mais que ce délai est déjà réduit, car nous travaillons au-delà de la norme. Le délai ne sera que de trois ans et demi. C'est ainsi qu'il faudra travailler aussi dans les autres domaines de l'économie... » (Lénine, t. XVII, p. 423-424.)

Remarquons encore qu'un an après la promulgation du décret n° 1.042, dans le décret de Dzerjinsky « Sur les bases du travail futur du Commissariat du Peuple des Transports », du 27 Mai 1921, on lit :

« Vu que la réduction de la norme des décrets 1.042 et 1.157, qui constituent les premières brillantes expériences du travail suivant un plan économique, *est temporaire et due à la crise du ravitaillement en combustible... il faut prendre des mesures pour appuyer et rétablir le ravitaillement des ateliers... »*

49. — Les thèses de Rykov, écrites en Octobre 1927, c'est-à-dire quatre ans après coup, parlent de nouveau de la tentative de fermer les usines Poutilov. Dans ce cas comme en beaucoup d'autres, Rykov est très imprudent, car il donne des armes contre lui-même.

C'est *Rykov en personne, Président du Conseil supérieur de l'Economie,* qui fit, au début de 1923, au Bureau Politique, la proposition de fermer les usines Poutilov. Rykov démontrait qu'au cours des dix années à venir, on n'aurait pas besoin de ces usines, et que leur maintien artificiel aurait des effets défavorables sur les autres entreprises. Le Bureau politique — dont moi — prit les indications de Rykov au sérieux. Après le rapport de Rykov, non seulement moi, mais par exemple Staline et d'autres, votèrent pour la fermeture. Zinoviev, en vacances, protesta contre la décision prise. Le Bureau Politique réexamina la question et prit une décision contraire. L'initiative, dans cette question, fut entièrement entre les mains de Rykov, Président du Conseil de l'Économie. Combien le sentiment de l'innocence s'est-il développé en Rykov, si, après quatre ans, il a pu se décider à m'attribuer son propre « péché » ? Nous ne doutons pas que ce fait se représente infailliblement sous une autre forme : lorsque Staline prendra Rykov à partie. On n'aura pas besoin d'attendre longtemps...

50. — On trouble le Parti par une histoire selon laquelle « Lénine voulait envoyer Trotsky en Ukraine comme Commissaire du Peuple à l'Approvisionnement ». On y mêle et défigure les faits à ne plus s'y reconnaître. J'ai entrepris pas mal de voyages de ce genre sur l'ordre du Comité Central. En parfait accord avec Lénine, je me rendis en Ukraine pour restaurer l'industrie charbonnière du Donetz. En plein accord avec Lénine, je travaillai dans l'Oural comme président de l'armée soviétique du travail. Il est exact que Lénine insista pour que je me rende pour deux semaines (deux semaines !) en Ukraine afin d'y améliorer l'approvisionnement. Je téléphonai à Rakovsky, qui me déclara que toutes les mesures nécessaires avaient déjà été prises en vue de ravitailler en pain tous les centres ouvriers. Lénine insista d'abord pour mon départ, puis se ravisa. Ce fut tout. Il s'agissait d'une question de travail courant, d'une tâche que Lénine considérait comme la plus grave au moment donné.

51. — Voici ce que dit Lénine au VIIIe Congrès des Soviets, le 22 Décembre 1920, sur mon voyage dans le bassin du Donetz :

« La région du Donetz fournit jusqu'à 25 millions de pouds de charbon par mois, et nous arriverons jusqu'à 50 millions grâce au

travail de la Commission envoyée avec pleins pouvoirs dans cette région sous la direction de Trotsky, et qui a décidé d'y déléguer des camarades responsables et expérimentés. A présent, Piatakov y a été envoyé pour diriger le travail. » (T. XVII, p. 422.)

52. — D'ailleurs, Piatakov fut dégoûté du travail dans le Donetz par les machinations de Staline dans la coulisse. Lénine les considéra comme un coup très grave porté à l'industrie houillère, il s'indigna au Bureau Politique et protesta en public contre l'action désorganisatrice de Staline :

« *Le fait que nous avons remporté des succès assez considérables est démontré notamment par la région du Donetz, où des camarades comme Piatakov ont travaillé avec un dévouement et un succès extraordinaires dans le domaine de la grande industrie..)* » (T. XVIII, première partie, p. 443. Rapport de Lénine au IXe Congrès des Soviets, 23 Décembre 1921.)

« *... A la direction centrale de l'industrie houillère se trouvaient non seulement des gens indubitablement dévoués, mais d'une culture réelle et de grandes capacités, et je ne m'abuse pas en disant des gens d'un grand talent ; c'est pourquoi le Comité Central y a porté son attention... Nous, Comité Central, avons une certaine expérience, et avons décidé à l'unanimité de ne pas relever les camarades dirigeants de là-bas de leurs fonctions... J'ai pris des renseignements auprès des camarades ukrainiens et ai prié notamment Ordjonikidzé — le Comité Central lui en donna l'ordre — d'aller voir ce qui s'était passé. Il semble qu'il y ait eu là-bas des intrigues et un chaos tels que l'Institut historique n'y comprendrait rien, même s'il s'en occupait pendant dix ans. Mais c'est un fait que,* contrairement aux directives unanimes du Comité Central, cette direction avait été remplacée par une autre. » (Lénine, rapport au XIe Congrès du P. C. R., 27 Mars 1923, t. XVIII, deuxième partie, p. 50-51.)

Tous les membres du Bureau Politique, et surtout Staline, savent que ces dures paroles de Lénine sur les intrigues contre les dirigeants fidèles, cultivés et talentueux du bassin du Donetz visent les intrigues de Staline contre Piatakov.

53. — Pendant le IXe Congrès des Soviets, en Décembre 1921, Lénine écrivit ses thèses sur les tâches fondamentales de la reconstruction économique. Je me rappelle avoir trouvé ces thèses très bonnes, mais il y avait une lacune sur les spécialistes. En quelques mots, je l'indiquai. Le même jour, je reçus de Lénine cette lettre :

Extrêmement secret.

« *Cam. Trotsky,*

« *Je suis à une réunion des sans-parti avec Kalinine. Il conseille de faire un petit rapport sur la base de la résolution que j'ai présentée (et à laquelle vous avez ajouté un complément très juste sur les spécialistes).*

« *Ne voudriez-vous pas vous charger d'un bref rapport sur cette résolution, mercredi, à l'Assemblée plénière du Congrès ?*

« *Votre rapport militaire est évidemment déjà prêt, et vous le terminerez mardi.*

« *Il m'est impossible de me charger d'un autre rapport au Congrès. Ecrivez deux mots ou envoyez une dépêche : le mieux serait d'accepter. On pourrait le faire confirmer par un vote téléphonique du Bureau Politique.* « LÉNINE. »

La solidarité dans les questions fondamentales de l'édification socialiste était si grande, que Lénine croyait possible que je fisse à sa place le rapport sur ces importantes questions. Je me rappelle m'être efforcé de le persuader de la nécessité qu'il fît lui-même ce rapport, si son état de santé le lui permettait. En fin de compte, il y consentit.

DERNIÈRE PÉRIODE DE LA VIE DE LÉNINE

54. — Les falsifications et les inventions se rapportant à la dernière période de la vie de Lénine sont devenues singulièrement nombreuses. Staline devrait pourtant se montrer particulièrement prudent en ce qui concerne cette période au

cours de laquelle Vladimir Iliitch en vint précisément à certaines conclusions définitives à son égard.

Il est évidemment très difficile de retracer ce qui se passa au Bureau Politique sous Vladimir Iliitch. A ce moment, on ne faisait pas de comptes rendus sténographiques, et dans les procès-verbaux on ne mentionnait que les décisions. Voilà pourquoi il est si facile d'en extraire certains épisodes (voire des plus insignifiants), de les dénaturer ou de les grossir, parfois même d'inventer tout simplement des « désaccords » là ou il n'y en eut jamais la moindre trace.

La légende de l'« oiseau de malheur » qui devait, après coup, illustrer mon « pessimisme » est, par son ineptie, une véritable honte. Cette histoire de « chouette » est le dernier argument de Staline-Boukharine lorsque les arguments ou les événements les mettent au pied du mur. Elle est empruntée à un entretien que j'eus avec Vladimir Iliitch dans la première période de la Nep. La mise à l'encan des maigres ressources publiques m'inspirait à ce moment de grandes inquiétudes, aussi bien du point de vue du gaspillage des ressources déjà très minces de l'État ouvrier, que du point de vue d'une rapide accumulation possible du capital privé dans cette période de transition. Je m'en entretins maintes fois avec Vladimir Iliitch. Afin de vérifier les processus économiques qui s'opéraient dans le pays, j'organisai alors ce qu'on a appelé « le barrage combiné de Moscou ». Au cours d'une conversation avec Lénine, m'appuyant sur quelques exemples particulièrement criants de dilapidation, je me servis de cette expression ou d'une expression approchante : « Si nous nous mettons à administrer de cette façon, l'oiseau de malheur marquera quelques années de moins à notre destin ». Chacun de nous a dû prononcer bien des fois des phrases de ce genre. Combien de fois Lénine n'a-t-il pas dit : « *Si nous continuons à aller de ce train, nous succomberons à coup sûr* ». C'était un argument vigoureux, mais en aucune façon un pronostic pessimiste. Telle est, à peu près, l'histoire de « chouette » avec les intérêts de laquelle Staline et Boukharine veulent payer leurs dettes de la Révolution chinoise, du Comité anglo-russe, **de la direction économique et du régime du Parti...**

Il va de soi que dans le Bureau Politique, des désaccords d'ordre pratique éclatèrent maintes fois, y compris avec Vladimir Iliitch. Toute la question est de savoir quelle place prirent ces désaccords dans le travail en général. A ce sujet, la fraction stalinienne, avec une impudence insigne, répand de malveillantes légendes qui s'effondrent dès qu'on y touche et qui se retournent entièrement contre Staline.

55. — Pour réfuter ces légendes, il faut prendre tout d'abord la période de la maladie de Vladimir Iliitch, ou plus exactement la période qui s'étend entre ses deux grandes crises, lorsque Lénine fut autorisé par les médecins à reprendre ses occupations et lorsqu'un grand nombre d'importantes questions furent résolues par correspondance. D'après cette correspondance — donc par des documents irréfragables — on peut voir quels sont les différends qui surgirent au Comité Central, de quel côté étaient les désaccords, et, dans une certaine mesure également, quels étaient les rapports de Vladimir Iliitch avec certains camarades. Je citerai quelques exemples.

LE MONOPOLE DU COMMERCE EXTÉRIEUR

56. — A la fin de 1922, un très sérieux désaccord éclata au Comité Central au sujet du *monopole du commerce extérieur*. En aucune façon, je ne veux après coup en grossir l'importance, mais tout de même le groupement politique qui se forma au Comité Central autour de cette question est suffisamment caractéristique.

Sur l'initiative de Sokolnikov, le Comité Central adopta une décision qui faisait une brèche sérieuse au monopole. Vladimir Iliitch était absolument opposé à cette décision. Ayant appris par Krassine que je n'étais pas à la session du Comité Central et que je me prononçais contre la décision prise, Lénine entra en correspondance avec moi. Jusqu'à présent ces lettres n'ont pas été publiées, pas plus que la correspondance de Lénine avec le Bureau Politique sur la question de ce monopole. La censure qui sévit sur l'héritage de Lénine est des plus implacables. On imprime deux, trois mots écrits par Lénine sur un bout de papier si — directement ou indirectement — ils peuvent atteindre l'Opposition. On ne publie pas des documents d'une grande importance de principe si — directement ou indirectement — ils heurtent Staline.

Je donnerai connaissance de lettres de Lénine concernant cette question :

« Camarade Trotsky,

« Je vous envoie une lettre de Krestinsky, faites savoir rapidement si vous êtes d'accord. Je lutterai à la session pour le monopole. Et vous ?

Votre,
Lénine »

« P. S. — Le mieux serait de nous la retourner aussitôt que possible. »

« Aux camarades Froumkine et Stomoniakov (1),
copie à Trotsky,

« En raison de l'aggravation de ma maladie, je me vois contraint de ne pouvoir assister à la session. Je me rends parfaitement compte à quel point j'agis maladroitement et même pire que cela à votre égard, mais de toute façon il ne me serait pas possible d'intervenir avec tant soit peu de succès. Aujourd'hui, j'ai reçu du camarade Trotsky la lettre ci-jointe avec laquelle je suis d'accord dans tout ce qu'elle a d'essentiel, à l'exception peut-être des dernières lignes sur le Gosplan (2). J'écri-

---

(1) Camarades n'appartenant pas au Comité Central, avec lesquels Lénine « complota » contre la majorité du Comité Central. — L. T.
(2) Commission du Plan Économique d'Etat.

rai à Trotsky pour lui faire part de mon accord et le prier, étant donné ma maladie, de se charger à la session de la défense de ma position.

« Je crois qu'il est bon de diviser cette défense en trois parties :

« 1º La défense du principe essentiel du monopole du commerce extérieur — son établissement total et définitif.

« 2º La transmission à une Commission spéciale de l'examen le plus détaillé des plans d'ordre pratique pour la réalisation de ce monopole, déposés par Avanessov. Dans cette Commission, les délégués du Commissariat du Commerce Extérieur doivent figurer au moins pour moitié.

« La question du travail du Gosplan doit être mise à part. Au demeurant, je suppose que je ne serai pas en désaccord avec Trotsky s'il se borne à demander que le Gosplan, qui est placé sous le signe du développement de l'industrie d'Etat, ait à faire connaître son opinion dans tous les domaines de l'activité du Commissariat du Commerce Extérieur.

« J'espère encore pouvoir écrire demain ou après-demain et vous envoyer la déclaration que j'ai l'intention d'adresser à la session du Comité Central, sur le fond de la question. De toute façon, j'estime que l'importance de principe de cette question est tellement grande que je devrai, au cas où, à la session, l'accord ne pourrait se faire, porter la question devant le Congrès. D'autre part, sans plus attendre, je mettrai la fraction communiste du prochain Congrès des Soviets au courant du désaccord actuel.

12 /XII-22.   LÉNINE. »

« Au camarade Trotsky, copie à Froumkine et
     Stomoniakov, (1)

« Camarade Trotsky,

« J'ai reçu votre opinion sur la lettre de Krestinsky et sur les plans d'Avanessov. Il me semble qu'entre nous il y a un maximum

---

(1) Les deux principaux collaborateurs de Krassine au Commissariat du Commerce Extérieur.

d'accord, et je pense que la question du Gosplan posée comme elle l'est en ce moment exclut (ou écarte) la discussion de savoir s'il est nécessaire au Gosplan d'avoir des droits actifs. De toute façon, je vous prie instamment de vous charger, à la prochaine session, de la défense de notre point de vue commun sur la nécessité absolue de maintenir et d'affermir le monopole du commerce extérieur.

« Étant donné que la session précédente a adopté là-dessus une décision qui va totalement à l'encontre du monopole du commerce extérieur, et que, dans cette question, il est impossible de reculer, je pense, comme je le dis dans ma lettre à Froumkine et à Stomoniakov, qu'au cas où nous serions battus sur cette question, nous devrons la porter devant le Congrès du Parti. Dans ce but, il sera nécessaire de faire un bref exposé de nos désaccords devant la fraction du Parti du prochain Congrès des Soviets. Si j'en ai le temps, je rédigerai cet exposé et je serais très content que vous fissiez de même. L'hésitation qui se manifeste sur cette question nous fait un tort inouï, et les arguments que l'on fait valoir contre consistent uniquement à accuser l'appareil d'imperfection. Mais, chez nous, l'appareil se distingue partout par son imperfection, et si l'on renonçait au monopole à cause de l'imperfection de l'appareil, cela équivaudrait à jeter le poupon avec l'eau de la baignoire.

13/XII-22. LÉNINE. »

« Au camarade Trotsky.

« Camarade Trotsky,

« Je vous renvoie la lettre que j'ai reçue aujourd'hui de Froumkine. Je pense également qu'il est absolument nécessaire d'en finir une fois pour toutes avec cette question. Si la crainte se manifeste que cette question ne me tourmente, et qu'elle peut même influer sur l'état de ma santé, j'estime que c'est une opinion foncièrement erronée, car le retard qui rend notre politique tout à fait instable sur une des questions essentielles me tourmente mille fois plus. C'est pourquoi j'attire votre attention sur la lettre ci-jointe, et je vous prie instamment d'appuyer la discussion immé-

diate de cette question. Je suis persuadé que si nous sommes mena-
cés d'être battus, il y a beaucoup plus d'avantages à l'être avant le
Congrès du Parti, et à s'adresser tout de suite à la fraction du
Congrès. Le compromis suivant est peut-être acceptable : pour le
moment, nous prenons la décision de confirmer le monopole, et au
Congrès du Parti, nous posons quand même la question, et nous
en convenons tout de suite. Je pense que dans l'intérêt de notre
cause, nous ne devons en aucun cas accepter d'autre compromis.

15/XII-22.   LÉNINE. »

« *Camarade Trotsky,*

« *J'estime que nous nous sommes complètement mis d'accor* .
Je vous prie de faire part à la session de notre solidarité. J'espè :
que notre décision passera, car une partie de ceux qui ont vo :
contre en Octobre passe à présent partiellement ou entièreme :
de notre côté.

« *Si, au pis aller, notre décision n'est pas adoptée, nous no* :
adresserons à la fraction du Congrès des Soviets, et nous l'inf .
merons que nous portons la question devant le Congrès du Par .

« *Dans ce cas, tenez-moi au courant, et j'enverrai ma décl* .
ration.

« *Si cette question venait à être retirée de la session actue* .
(ce que ne je crois pas et contre quoi évidemment il vous faudrait
en notre nom protester de toutes vos forces), je pense que vous
devriez quand même vous adresser à la fraction du Congrès des
Soviets, et exiger que la question soit portée devant le Congrès du
Parti, car des hésitations ultérieures sont absolument inadmissi-
bles.

« *On peut laisser chez vous jusqu'après la session tous les*
matériaux que je vous ai envoyés.

15/XII-22.   *Votre*
                                                  LÉNINE. »

« *Léon Davidovitch,*

« *Aujourd'hui le P^r Fœrster a autorisé Vladimir Iliitch à dicter une lettre, et il m'a dicté la lettre suivante à votre intention :*

« *Camarade Trotsky,*

« *Il semble que nous ayons réussi à occuper la position sans tirer une balle, par un simple mouvement de manœuvre. Je propose de ne pas s'en tenir là et de continuer l'offensive, et, dans ce but, de faire passer la proposition de poser au Congrès du Parti la question de l'affermissement du monopole du commerce extérieur et des mesures à prendre pour en améliorer l'application. Informez-en la fraction du Congrès des Soviets. J'espère que vous n'y verrez pas d'objections et que vous ne refuserez pas de faire le rapport à la fraction.*

« N. LÉNINE. »

« *V. I. demande que vous lui fassiez connaître la réponse par téléphone.*

21/XII-22.   N. K. OULIANOVA. »

La teneur comme le ton des lettres précitées n'ont pas besoin de commentaires. Sur la question du commerce extérieur, le Comité Central adopta une nouvelle décision, annulant la précédente. C'est à cela que fait allusion la plaisanterie de Lénine sur la victoire remportée « sans tirer une balle ».

Pour conclure, il ne reste plus qu'à se demander ce qui se serait passé si Trotsky s'était trouvé parmi ceux qui ont voté la décision transgressant le monopole du commerce extérieur et si Staline, d'accord avec Lénine, avait combattu pour faire annuler cette décision. Quelle quantité de livres, de brochures, de diatribes eût été imprimée pour démontrer la déviation koulak et petite-bourgeoise de Trotsky !

*

LA QUESTION DU GOSPLAN

57. — J'attribuais le gaspillage à l'absence d'un plan pour notre économie en général. Sur la direction du plan et le rôle du Gosplan, il y eut des discussions au Bureau Politique et aussi entre Vladimir Iliitch et moi. Il y en eut au sujet du personnel des organes de Plan. Dans sa lettre aux membres du Bureau Politique sur la question du Gosplan, Vladimir Iliitch écrivit ce qui suit :

« A propos de l'octroi de fonctions législatives au Gosplan.

« Il me semble que depuis longtemps cette idée a été mise en avant par le camarade Trotsky. Je m'y suis déclaré opposé parce que je trouvais que, dans ce cas, il y aurait un manque total de liaison dans le système de nos institutions législatives. Mais, après un examen attentif de la question, j'estime qu'au fond il y a là une idée saine, à savoir que le Gosplan est tenu quelque peu à l'écart de nos institutions législatives, bien que ce soit lui qui, par les hommes compétents, les experts et les représentants de la science et de la technique qu'il réunit, dispose au fond du plus grand nombre de données pour se prononcer en tout état de cause sur les questions.

« Dans ce sens, je pense que l'on peut et que l'on doit accueillir l'idée du camarade Trotsky, sauf en ce qui concerne la présidence du Gosplan soit par un de nos chefs politiques, soit par un représentant du Conseil Supérieur de l'Economie publique. » (27 Décembre 1922.)

Nous avons trouvé plus haut une allusion à ces désaccords, dans les lettres que Lénine m'écrivit sur le monopole du commerce extérieur. Lénine proposait alors d'*écarter* cette question en la désignant du terme — quelque peu impropre — de question des droits actifs du Gosplan. En insistant pour que l'on affermisse le Gosplan par tous les moyens, et pour qu'on lui subordonne tout le travail de plan des autres départements, je n'avais pas proposé d'investir le Gosplan de droits administratifs, car je considérais qu'ils devaient, comme par le passé, rester concentrés dans les mains du Conseil du Travail et de la Défense. Mais là n'est pas l'essentiel. Tant par le caractère que par le ton de la lettre, on voit avec quelle tranquillité, en se plaçant simplement au point de vue du travail, Lénine appréciait les désaccords qui avaient eu lieu précédemment, proposant au Bureau Politique de résoudre ces désaccords en se rapprochant très fortement des idées que j'avais défendues. Pourtant, combien n'a-t-on pas menti au Parti sur cette question ?

Lettres de Lénine sur la question nationale

58. — Je ne reproduirai pas ici la lettre la plus importante de Lénine contre Staline sur la question nationale : elle est incluse dans la sténographie de l'Assemblée de Juillet 1926, et, en outre, des copies en circulent de main en main. Il est impossible de cacher cette lettre. Mais il y a encore, sur le même sujet, d'autres documents complètement inconnus du Parti. Les archivistes et historiens de l'école stalinienne prennent et prendront toutes les mesures pour que ces documents restent cachés. Ils sont capables encore d'un autre procédé : les détruire.

C'est pourquoi je crois nécessaire de reproduire ici les extraits les plus importants d'une lettre de Lénine, de beaucoup antérieure, et de la réponse de Staline, sur la constitution de l'U. R. S. S. La lettre de Lénine, datée du 27 Septembre 1922, est adressée à Kamenev, une copie en a été envoyée à tous les membres du Bureau Politique. Voici le début de cette lettre :

« *Probablement vous avez déjà reçu de Staline la résolution de sa Commission sur l'entrée des Républiques indépendantes dans la R. S. F. S. R.*

« *Si vous ne l'avez pas encore reçue, demandez-la au secrétaire*

et lisez-la tout de suite. Hier, j'en ai parlé à Sokolnikov, et aujour-
d'hui à Staline. Demain, je verrai Mdivani (suspect d'« indé-
pendance. »)

« A mon avis la question est très importante. Staline a une
tendance à trop se hâter. Réfléchissez-y bien. (Vous aviez autre-
fois l'intention de vous en occuper et vous en êtes un peu occupé.)
Zinoviev aussi.

« Staline est déjà prêt à faire une concession. Dans le para-
graphe premier, il veut dire à la place de « adhésion » à la
R. S. F. S. R., « Union formelle avec la R. S. F. S. R. en Union
des Républiques Soviétiques d'Europe et d'Asie ».

« J'espère que le sens de cette concession est clair : nous nous
reconnaissons comme ayant les mêmes droits que la R. S. S. ukrai-
nienne et les autres, et ensemble, à droits égaux, nous entrons
tous dans la nouvelle Union, la nouvelle Fédération, l'Union des
R. S. S. d'Europe et d'Asie. »

En outre, il y a toute une série d'améliorations pénétrées
toutes du même esprit. A la fin de la lettre de Lénine, il est dit :

« Staline est d'accord pour ajourner la présentation d'une
résolution au B. P. du C. C. jusqu'à mon arrivée. J'arriverai
le lundi 2 Octobre. Je désirerais vous voir, vous et Rykov, pendant
deux heures, disons de 1 à 3 heures et au besoin le soir, disons de
5 à 7 ou de 6 à 8.

« Voilà pour le moment ma proposition. Je combattrai et
remanierai sur la base de la discussion avec Mdivani et d'autres
camarades. Je vous prie d'en faire autant et de me répondre.

Votre
Lénine. »

« P. S. — Les copies sont à envoyer à tous les membres du
Bureau Politique. »

Le même jour, Staline adressa sa réponse à Lénine à tous
les membres du Bureau Politique (27 Septembre 1922.) En voici
les deux passages les plus importants :

« 2. La modification de Lénine dans le paragraphe 4 sur la

création d'un Comité Central exécutif de la Fédération à côté de celui de la R. S. F. S. R. est, à mon avis, inacceptable. La coexistence de deux Comités Centraux exécutifs à Moscou, dont l'un sera sans doute la « Chambre haute » et l'autre la « Chambre basse », engendrera des froissements et des conflits. »

Et plus loin :

« 4. Dans le paragraphe 4, le cam. Lénine s'est, à mon avis, « trop hâté » en réclamant la fusion des Commissariats des Finances, du Ravitaillement, du Travail et de l'Économie publique avec les Commissariats fédératifs. Il est à peine douteux que cette « hâte » ne serve aux « indépendants », au détriment du libéralisme national de Lénine.

« 5. Dans le paragraphe 5, la modification de Lénine est, à mon avis, superflue.

I. STALINE. »

Cette correspondance, fort caractéristique, qu'on cache au Parti comme tant d'autres documents de cette sorte, précédait la lettre de Lénine sur la question nationale. Dans ses remarques sur le projet de Staline, Lénine choisit des expressions encore très modérées et délicates. A cette époque, il espérait pouvoir résoudre la question sans trop de controverses. Il reproche discrètement à Staline sa « hâte ». Il met entre guillemets la qualification d'« indépendant », reproche élevé par Staline contre Mdivani, et se désolidarise résolument de ce reproche. Il souligne, au contraire, qu'il présente ses modifications après discussion avec Mdivani et d'autres camarades.

La réponse de Staline, par contre, se distingue par sa grossièreté. La dernière phrase du quatrième point est particulièrement caractéristique :

« Il est à peine douteux que cette « hâte » [la hâte de Lénine !] ne serve aux « indépendants », au détriment du libéralisme national [!] de Lénine. »

Ainsi, Lénine s'est attiré le soupçon de libéralisme national !

Le développement ultérieur de la lutte dans la question nationale montra à Lénine qu'il était devenu impossible d'agir sur Staline en petit comité et qu'il fallait en appeler au Congrès et au Parti. A cette effet, Lénine écrivit la lettre connue sur la question nationale.

59. — Vladimir Iliitch attachait une importance considérable à la question « géorgienne », non seulement parce qu'il redoutait les suites de la fausse politique nationale en Géorgie — ses craintes furent entièrement confirmées — mais aussi parce que, à propos de cette question, la fausseté de la politique de Staline dans la question nationale — et non seulement dans celle-là — lui était apparue. Une longue lettre de principe que Lénine écrivit sur la question nationale est encore dissimulée au Parti. L'argument que Lénine n'aurait pas destiné cette lettre au Parti est entièrement faux. Est-ce que Lénine destinait à la publicité les annotations qu'il faisait dans ses carnets de notes ou en marge des livres qu'il lisait ? Or, tout ce qui — directement ou indirectement — atteint l'Opposition est publié. Quant à la lettre-programme de Lénine sur la question nationale, elle reste dissimulée.

Voici deux extraits de cette lettre :

« *Je pense que par sa hâte et son engouement administratif, de même que par son emportement contre le fameux « social-nationalisme », Staline a eu là un rôle fatal. En général, en politique, l'emportement a la plus mauvaise influence.* » (Notes de Lénine du 30 Décembre 1922.)

Voilà qui est juste !

« *Il est évident que l'on doit rendre politiquement responsable Staline et Dzerjinsky de toute cette campagne de véritable nationalisme russe.* » (Lettre de Lénine du 31 Décembre 1922.)

Vladimir Iliitch m'envoya cette lettre lorsqu'il sentit qu'il ne pourrait prendre lui-même la parole au XIIe Congrès. Voici les billets que je reçus de lui à ce sujet au cours des deux derniers jours où il participa à la vie politique :

Rigoureusement secret. Personnel.

« Cher camarade Trotsky,

« Je vous prie instamment de vous charger de la défense de la question géorgienne au Comité Central du Parti. Cette question est en ce moment en butte aux « poursuites » de Staline et de Dzerjinsky et je ne puis me fier à leur impartialité. C'est même tout le contraire. Si vous consentiez à prendre sur vous cette défense, je pourrais être tranquille. Si, pour une raison quelconque, vous n'acceptez pas, retournez-moi tout le dossier. Je considérerai cela comme signifiant votre refus.

« Avec mon meilleur salut de camarade.   LÉNINE. »

« Pour copie conforme : M. VOLODITCHEVA. »

« Camarade Trotsky,

« A la lettre qui vous a été transmise par téléphone, Vladimir Iliitch a demandé d'ajouter pour votre information que le camarade Kamenev se rend en Géorgie mercredi. Vladimir Iliitch voudrait savoir si vous ne désirez pas envoyer là-bas quelque chose.

Le 5 Mars 1923.   M. VOLODITCHEVA. »

« Aux camarades Mdivani, Makharadzé et autres.
Copie aux camarades Trotsky et Kamenev,

« Je suis passionnément votre affaire. Je suis révolté de la brutalité d'Ordjonikidzé et de la tolérance de Staline et Dzerjinsky. Je vous prépare des notes et un discours.

« Avec ma considération,
Le 6 Mars 1923.   LÉNINE. »

« Au camarade Kamenev. Copie au camarade Trotsky.

« Léon Borissovitch,

« Comme suite à notre entretien téléphonique, je vous fais part, en tant que Président du Bureau Politique, de ce qui suit :

« Comme je vous l'ai déjà dit, le 31 Décembre 1922, Vladimir Iliitch a dicté un article sur la question nationale. Cette question le tourmentait beaucoup et il se préparait à intervenir à ce sujet au Congrès du Parti.

« Peu de temps avant sa dernière rechute, il m'informa qu'il publierait cet article, mais plus tard. Après cela, il tomba malade sans m'avoir donné l'ordre définitif.

« Vladimir Iliitch considérait cet article comme devant servir de directive et il y attachait une grande importance. Sur son ordre, il fut communiqué au camarade Trotsky que Vladimir Iliitch avait chargé de défendre son point de vue au Congrès du Parti, étant donné leur unité de vues sur cette question.

« L'unique exemplaire que je possède de cet article est gardé sur l'ordre de Vladimir Iliitch dans ses archives secrètes.

« Je porte cela à votre connaissance.

« Je n'ai pu m'en acquitter plus tôt du fait que, pour des raisons de santé, je ne suis revenue au travail qu'aujourd'hui.

Le 16 Avril 1923.

« La secrétaire particulière du camarade Lénine :

L. FOTIÉVA. »

Après toutes les calomnies dont on a essayé d'assombrir l'attitude de Lénine à mon égard, je ne peux pas ne pas souligner la signature de la première lettre de Lénine : « *Avec mon meilleur salut de camarade.* » Ceux qui savent comment Lénine était avare de mots, et qui connaissent sa manière de parler et d'écrire, comprendront que Lénine n'a pas écrit ces mots par hasard. Ce n'est pas pour rien que Staline, lorsqu'il fut obligé de donner connaissance de cette correspondance à la session de Juillet 1926, remplaça les mots « Avec mon meilleur salut de camarade », par l'expression officielle « Avec mon salut communiste ». Là encore, Staline s'est montré fidèle à lui-même.

60. — Ces lettres ont besoin d'être expliquées. Lénine était malade. Moi aussi, j'étais souffrant. Les secrétaires de Lénine, Glasser et Fotiéva, vinrent me voir plusieurs fois dans le courant de la journée précédant la crise définitive de Lénine. Lorsque Fotiéva m'apporta la lettre sur la question nationale, je proposai : « *Kamenev part aujourd'hui pour la Géorgie en vue du Congrès ; ne faut-il pas lui montrer la lettre pour qu'il puisse faire des démarches appropriées ?* » Fotiéva répondit : « *Je ne sais pas. Vladimir Iliitch ne m'a pas chargée de remettre la lettre à Kamenev, mais je pourrai le lui demander.* » Au bout de quelques minutes, elle revint en me disant : « *En aucun cas. Vladimir Iliitch dit que Kamenev montrera la lettre à Staline, qui conclura un compromis boiteux et le trahira par la suite.* »

Cependant, quelques minutes, peut-être une demi-heure après, Fotiéva revenait de chez Lénine avec une autre instruction. Selon elle, Lénine avait décidé d'agir immédiatement. Il écrivit la lettre ci-dessus reproduite à Mdivani et Makharadzé avec les copies pour Kamenev et moi.

— « *Par quoi s'explique ce changement ? demandai-je à Fotiéva.*

— « *Probablement, me dit-elle, parce que Vladimir Iliitch va plus mal, et se hâte de faire tout ce qu'il peut.* »

★

61. — La proposition de Lénine sur la réorganisation de l'Inspection ouvrière et paysanne fut accueillie très inamicalement par le groupe de Staline. En termes très mesurés, j'ai raconté cela dans une de mes anciennes lettres aux membres du Comité Central. Je reproduis ce récit :

« *Quel fut cependant l'accueil que le Bureau Politique fit au projet de réorganisation de l'Inspection ouvrière et paysanne proposé par Lénine ? Boukharine ne se décida pas à insérer l'article de Lénine qui, de son côté, insistait sur son insertion immédiate. Kroupskaya m'informa de cet article par téléphone, et me demanda d'intervenir en vue d'en hâter la publication. Au Bureau Politique qui, sur ma proposition, fut convoqué sur-le-champ, tous les présents : Staline, Molotov, Kouibichev, Rykov, Kalinine, Boukharine, se prononcèrent non seulement contre le plan de Lénine, mais même contre la publication de l'article. Les membres du Secrétariat élevèrent des objections particulière-ment vives et catégoriques. Étant donné les pressantes demandes de Lénine pour que l'article lui fût montré imprimé, Kouibichev, le futur Commissaire du Peuple à l'Inspection ouvrière et paysanne, proposa, à cette séance du Bureau Politique, de faire paraître un seul exemplaire d'un numéro spécial de la Pravda, avec l'article de Lénine, afin de le tranquilliser tout en cachant l'article au Parti. Je démontrai que la réforme radicale proposée par Lénine était en soi progressive, à condition, bien entendu, qu'on la réa-lisât rationnellement — mais que si même on devait avoir à l'égard de cette proposition une attitude négative, il serait ridicule et absurde de tenir le Parti dans l'ignorance des propositions de Lénine. On me répondit par des arguments empreints de ce même esprit formaliste : « Nous sommes le Comité Central, nous portons les responsabilités, nous décidons. » Kamenev, qui arriva avec un retard de plus d'une heure à la séance du Bureau Politique, fut seul à me soutenir. Le principal argument en faveur de la publi-cation de la lettre était que, de toute façon, on ne parviendrait pas à cacher l'article de Lénine au Parti. Par la suite, cette lettre devint, entre les mains de ceux qui ne voulaient pas la publier, une arme que l'on essaya... de tourner contre moi. Kouibichev, ex membre du Secrétariat, fut placé à la tête de la Commission Centrale de Contrôle. Au lieu de combattre le plan de Lénine, on le rendit inopérant. Dans ces conditions, la Commission Centrale de Contrôle revêt-elle le caractère d'une institution indépendante et impartiale du Parti, défendant et confirmant les droits et l'unité du Parti contre les excès de toutes sortes se produisant dans le*

Parti et dans l'administration ? C'est là une question dans l'exa-
men de laquelle je ne veux pas entrer, car je suppose qu'elle est
déjà suffisamment claire. » (Extrait de la lettre aux membres
du Comité Central et de la Commission Centrale du Contrôle du
23 Octobre 1923.)

La conduite de Staline dans cette question me montra pour
la première fois avec une clarté évidente que la réorganisation
de la Commission Centrale de Contrôle et du Comité Central
était dans son intégralité dirigée par Lénine contre le pouvoir
dès ce moment excessif que Staline tenait de l'appareil. De là la
résistance obstinée de Staline au plan de Lénine.

★

62. — Au Bureau de la Commission Centrale de Contrôle,
j'ai raconté la *dernière conversation que j'eus avec Vladimir*
Iliitch, peu de temps avant sa deuxième rechute. Je cite ce récit :

« *Lénine m'appela auprès de lui au Kremlin, me parla de*
l'effroyable développement du bureaucratisme dans notre appareil
soviétique, et de la nécessité de trouver un levier pour aborder
sérieusement cette question. Il proposa de créer une Commission
spéciale auprès du Comité Central, et m'invita à prendre une part
active au travail. Je lui répondis : « Vladimir Iliitch, ma conviction
est qu'il ne faut pas oublier qu'actuellement, dans la lutte contre le
bureaucratisme de l'appareil soviétique, en province comme au
centre, une sélection de fonctionnaires et de spécialistes, membres
du Parti, sans parti et à moitié membres du Parti, se crée autour
de certains groupes et de personnalités dirigeantes du Parti dans
la province, dans le district, dans la région, au centre, c'est-à-dire
au Comité Central, etc. En faisant pression sur le fonctionnaire,
on se heurtera au dirigeant du Parti, à la suite duquel le spécialiste
appartient, et dans la situation actuelle, je ne voudrais pas me
charger de cette tâche. » *Vladimir Iliitch réfléchit un instant et*
déclara (je rapporte ses paroles presque littéralement) : « Je dis
donc qu'il faut combattre le bureaucratisme soviétique et vous

proposez d'y ajouter également le Bureau d'organisation du Comité Central ? » Surpris par cette réponse, je me mis à rire du fait qu'une formule aussi achevée ne m'était pas venue en tête. Je répondis : « C'est à voir. » Vladimir Iliitch me dit alors : « Eh bien, je vous fais une proposition de bloc. » J'ajoutai : « Avec un brave homme, il est très agréable de faire bloc. » En définitive, Vladimir Iliitch me dit qu'il proposait de créer auprès du Comité Central une Commission pour la lutte contre le bureaucratisme « en général » et que par elle nous aborderions également le Bureau d'organisation du Comité Central. Il promit encore de « réfléchir » sur la façon de l'organiser. Là-dessus, nous nous quittâmes. Pendant deux semaines, j'attendis un coup de téléphone, mais la santé d'Iliitch empirait de plus en plus, et peu après il s'alitait. Par la suite, il me fit parvenir ses lettres sur la question nationale par l'intermédiaire de ses secrétaires, et de ce fait l'affaire n'eut pas de suite. »

Au fond, ce plan de Lénine était entièrement dirigé contre Staline.

★

63. — Oui, il m'est arrivé d'être en désaccord avec Lénine. Mais la tentative de Staline de s'appuyer sur ces faits pour déformer le caractère général de nos rapports se brise d'un bout à l'autre contre les faits se rapportant à la période où, comme je l'ai déjà dit, les questions se résolvaient non pas dans des entretiens et des votes qui ne laissaient aucune trace, mais par correspondance, c'est-à-dire dans l'intervalle compris entre la première et la deuxième crise de Lénine.

Je résume :

a) Sur la question nationale, Vladimir Iliitch avait préparé pour le XIIe Congrès une offensive décisive contre Staline. En son nom, et sur sa demande, ses secrétaires m'en avaient informé. L'expression qui revenait le plus souvent était : « Vladimir Iliitch prépare une bombe contre Staline. »

b) L'article de Lénine sur l'Inspection ouvrière et paysanne dit :

« Le Commissariat de l'Inspection ouvrière et paysanne n'a pas

en ce moment la moindre autorité. Tout le monde sait qu'il n'y a pas d'institution plus mal organisée que notre Inspection ouvrière et paysanne et que, dans l'état actuel de ce Commissariat, on ne peut rien lui demander... En effet, à quoi bon constituer un Commissariat qui travaillerait n'importe comment, qui de nouveau n'inspirerait aucune confiance, et dont la parole ne jouirait que d'une autorité infiniment réduite ?...

« ... Je demande à n'importe quel dirigeant actuel de l'Inspection ouvrière et paysanne ou aux personnes qui ont des accointances avec elle de me dire en toute conscience quel besoin il y a pratiquement d'un Commissariat comme l'Inspection ouvrière et paysanne... » (Lénine, « *Plutôt moins, mais mieux* », 4 Mars 1923.)

Dans les premières années de la Révolution, Staline était à la tête de l'Inspection ouvrière et paysanne. En l'occurrence, la flèche de Lénine était entièrement dirigée contre lui.

c) Dans ce même article, il est dit :

« Chez nous, la bureaucratie existe non seulement dans les institutions soviétiques, mais même dans les institutions du Parti. »

Ces paroles, déjà suffisamment claires, acquièrent un sens tout particulièrement éclatant à la lumière du dernier entretien rapporté plus haut que j'eus avec Vladimir Iliitch, au cours duquel il fut question du « bloc » contre le Bureau d'organisation du Comité Central considéré comme la source du bureaucratisme. La discrète réflexion d'Iliitch est entièrement dirigée contre Staline.

d) Quant au « Testament », il n'a pas besoin de commentaires. Il est pénétré de méfiance à l'égard de Staline, à l'égard de sa grossièreté et de sa déloyauté. Il parle de l'abus éventuel qu'il peut faire de ses pouvoirs et du danger de scission qui en découle pour le Parti. De toutes les caractéristiques qui y sont faites, l'unique conclusion d'organisation suggérée est qu'il faut relever Staline du poste de Secrétaire général.

e) Enfin, la dernière lettre que Lénine écrivit ou plus exactement qu'il dicta, est une lettre à Staline pour lui signifier qu'il rompait avec lui toutes relations de camaraderie. Kamenev me parla de cette lettre dans la nuit même où elle fut écrite (du 5 au 6 Mars 1923). Zinoviev en parla à la session élargie du Comité Central et de la Commission Centrale de Contrôle. L'existence de cette lettre est confirmée dans la sténographie par le témoignage de M. I. Oulianova (« Au sujet de cet incident, il existe des documents » — extrait de la déclaration de M. Oulianova au Bureau de la session). Ce fait ruine par lui-même toute tentative d'en affaiblir la portée morale.

Énumérant les « avertissements » de Lénine à Staline, Zinoviev dit à l'Assemblée de Juillet 1926 :

« *Et le troisième avertissement, ce fut la rupture de tous rapports de camaraderie par Vladimir Iliitch, dans une lettre personnelle.* » (Procès-verbal sténogr., fasc. IV, p. 32.)

A ce sujet, Marie Oulianova s'est efforcée de présenter la chose comme si Lénine avait rompu les rapports de camaraderie pour des motifs personnels, et non pour des motifs politiques. (Procès-verbal sténogr., fasc. IV, p. 104.) Faut-il encore rappeler que chez Lénine, les motifs personnels découlaient toujours de motifs révolutionnaires, ayant trait au Parti ? La « grossièreté » et la « déloyauté » sont aussi des traits personnels. Mais Lénine mettait le Parti en garde contre elles non pour des motifs personnels, mais pour des raisons politiques. La lettre de Lénine sur sa rupture de tous rapports de camaraderie avec Staline portait précisément ce caractère. Cette dernière lettre fut écrite après la lettre sur la question nationale et après le « Testament ». Les efforts visant à affaiblir le poids moral de la dernière lettre de Lénine sont vains. Le Parti a le droit de connaître aussi cette lettre !

Voilà comment les choses se passèrent effectivement. Voilà comment Staline mystifie le Parti !

LA DISCUSSION DE 1923-1927

64. — Du vivant de Lénine, notamment à l'époque des

désaccords, aujourd'hui si grossis et défigurés sur Brest-Litovsk et sur les syndicats, le terme « trotskysme » n'existait nullement (1). Le Parti estimait que ces désaccords se développaient sur la base des fondements historiques du bolchevisme. Les pires adversaires de Lénine dans la question de Brest-Litovsk furent Boukharine, Yaroslavsky, Kouibichev, Soltz, Safarov et une douzaine d'autres vieux bolchéviks qui constituaient la fraction des « communistes de gauche ». Ils auraient eu raison de s'étonner, si quelqu'un s'était avisé à cette époque d'appeler leur position du « trotskysme » —d'autant plus que moi-même, j'étais du côté de Lénine dans toutes les questions principales sur lesquelles les communistes de gauche combattaient Lénine.

Il en est de même quant à la discussion syndicale. L'exagération administrative était née de toute la pratique du communisme de guerre et avait saisi de nombreux cadres de vieux bolchéviks. Si quelqu'un avait parlé de « trotskysme » à ce propos, on l'aurait tout simplement considéré comme fou. L'épouvantail du « trotskysme » ne fut agité que lorsque Lénine fut définitivement retiré du travail, c'est-à-dire pendant la discussion de 1923. C'est alors qu'on commença à « critiquer » la théorie de la révolution permanente, dans le but d'y ramener toutes les divergences nées d'une étape nouvelle du développement historique. Ce n'est pas parce qu'il présentait une théorie nouvelle, le « trotskysme », qu'on combattait Trotsky. Au contraire, c'est pour lutter contre Trotsky que les critiques échafaudèrent artificieusement la théorie du « trotskysme ». Quelques-uns l'avouèrent lorsque la configuration des groupements se fut modifiée.

---

(1) Il faut ici souligner le fait que Staline me proposa instamment de me charger, au XII⁰ Congrès, du rapport du Comité Central, en accord avec le président du Bureau Politique, Kamenev, avec l'appui énergique de Kalinine et d'autres.

Je refusai, en faisant valoir les désaccords, notamment sur les questions économiques.

« *Quels désaccords ?* répliqua Kalinine. *Dans la plupart des cas, ce sont vos propositions à vous qu'on adopte.* » — L. T.

65. — Il faudra parler une autre fois, et spécialement, de la théorie de la révolution permanente. Cette question, depuis longtemps liquidée par l'histoire, doit être abordée historiquement et non dans un but d'intrigues.

Qu'il suffise de dire qu'il faut considérer deux côtés dans la théorie de la révolution permanente : un côté fort et un côté faible. Le côté fort est dans l'éclaircissement du fait assez important que grâce à la situation internationale et à la configuration des forces sociales déterminées par cette situation, la Révolution russe, commençant comme révolution bourgeoise, peut conduire le prolétariat à la dictature avant la classe ouvrière de l'Europe occidentale. Cette idée, que je défendais en 1905, apparaissait en 1917 comme le comble de l'hérésie, non seulement aux mencheviks, mais encore à des douzaines et des centaines de bolchéviks, notamment à Staline et à Rykov.

Le côté faible de la théorie de la révolution permanente était dans la détermination insuffisamment claire et concrète des étapes d'évolution, et notamment du regroupement des classes lors du passage de la révolution bourgeoise à la révolution socialiste. J'ai dit plus d'une fois que l'exposé de Lénine était beaucoup plus concret. Mais seulement l'exposé de *Lénine*. Quant aux barbouillages critiques des années 1913-1927 contre la théorie de la révolution permanente, les neuf dixièmes d'entre eux sont de la scolastique stérile, une effrontée fabrication de « trotskysme » — contre Trotsky.

66. — Je ne veux pas analyser à présent la discussion de 1923. La lutte commencée alors continue aujourd'hui. Les questions fondamentales de la discussion furent celles-ci :

a) Les rapports entre la ville et la campagne (ciseaux ; disproportions ; quelle menace surgira dans la prochaine période ; l'industrie retardera-t-elle sur l'agriculture ou la devancera-t-elle ?) ;

b) Le rôle du plan économique sous l'angle de la lutte des tendances socialistes et capitalistes ;

c) Le régime du Parti ;

d) Les problèmes de la stratégie révolutionnaire (Allemagne, Bulgarie, Esthonie).

Depuis ce temps, les questions litigieuses se sont concrétisées et ont trouvé une expression achevée dans nombre de documents de l'Opposition. Cependant, la ligne fondamentale ébauchée par l'Opposition en 1923, se trouve pleinement confirmée.

Dans une déclaration de 1926, signée par Kamenev et Zinoviev, il est dit :

« A présent, il ne peut plus y avoir de doute que le noyau de l'Opposition de 1923 a eu raison de mettre en garde contre la menace de l'abandon de la ligne prolétarienne et de la croissance du régime de l'appareil. Des douzaines et des centaines de dirigeants de l'Opposition de 1923 sont, jusqu'à ce jour, tenus à l'écart du travail dans le Parti, et il y a parmi eux de vieux bolchéviks ouvriers, trempés dans la lutte, étrangers au carriérisme et à l'arrivisme, en dépit de la discipline et de l'endurance dont ils ont fait preuve. »

Cette déclaration, à elle seule, suffit à démontrer combien le spectre du « trotskysme » pèse peu dans la balance de la théorie, ce spectre créé et entretenu pour étouffer le Parti.

Ce qu'on appelle « trotskysme » depuis 1923, et surtout depuis 1924, c'est l'application correcte du marxisme à l'étape nouvelle de la Révolution d'Octobre et de notre Parti.

QUELQUES DÉDUCTIONS

Voici donc une petite partie des faits, des témoignages et des citations que je puis apporter pour réfuter l'histoire de ces dix dernières années, telle qu'elle a été falsifiée par Staline, Yaroslavsky et Cie.

Il faut tout de suite ajouter que la falsification ne se limite pas seulement à ces dix années, mais qu'elle s'étend à toute l'histoire précédente du Parti, transformée en lutte ininterrompue du bolchévisme contre le « trotskysme ». Dans ce domaine, la falsification se sent particulièrement à l'aise, du fait que les événements se rapportent à un passé relativement lointain, et que les documents qu'on édite sont triés sur le volet, tandis que la pensée de Lénine est faussée par un choix unilatéral de citations. Pour cette fois cependant, je ne parlerai pas de la période antérieure de mon activité révolutionnaire (1897-1917), puisque la raison de la présente lettre que je vous adresse est votre feuille d'enquête sur ma participation à la Révolution d'Octobre, à mes rencontres et à mes relations avec Lénine.

Je me bornerai à consacrer quelques lignes aux vingt années qui ont précédé la Révolution d'Octobre.

J'ai été de la « minorité » du IIᵉ Congrès, minorité qui, par la suite, a donné naissance au menchévisme. Je suis resté affilié et politiquement lié à cette minorité jusqu'à l'automne 1904, à peu près jusqu'au moment de ce qu'on a appelé la « campagne provinciale » de la nouvelle *Iskra*, lorsque s'est précisé mon désaccord irréductible avec le menchévisme dans les questions du libéralisme bourgeois et des perspectives de la Révolution. En 1904, c'est-à-dire il y a 23 ans, j'ai rompu avec le menchévisme dans le domaine de la politique comme dans le domaine de l'organisation. Je ne me suis jamais appelé menchévik et je ne me suis jamais estimé tel.

Devant l'Exécutif de l'Internationale Communiste, le 9 Décembre 1926, je m'exprimai comme suit à l'égard de la question du trotskysme :

« En général, je ne crois pas que la méthode biographique puisse nous conduire à la décision de questions de principe. Il est incontestable que j'ai commis des erreurs dans beaucoup de questions, surtout à l'époque de ma lutte contre le bolchévisme. Mais on aura peine à en tirer la conclusion que loin d'étudier le contenu, il faille juger des questions politiques selon la biographie, car il faudrait alors demander la biographie de tous

les délégués... Moi-même, je puis me référer à un précédent. En Allemagne, a vécu et lutté un homme qui s'appelait Franz Mehring et qui n'adhéra à la social-démocratie qu'après une lutte longue et énergique contre elle (jusqu'à ces dernières années, nous nous appelions toujours Social-démocrates). Mehring a d'abord écrit l'histoire de la Social-démocratie allemande en qualité d'adversaire, non comme laquais du capitalisme, mais comme adversaire d'idées et ce n'est que plus tard, devenu ami fidèle, qu'il en a fait son excellent ouvrage sur la social-démocratie. D'autre part, Kautsky et Bernstein n'ont jamais combattu Marx ouvertement, et tous deux ont été longtemps sous la férule de Frédéric Engels. En outre, Bernstein était connu comme l'exécuteur testamentaire d'Engels. Néanmoins, Franz Mehring est mort marxiste, communiste, tandis que les deux autres — Kautsky et Bernstein — vivent encore aujourd'hui comme des chiens réformistes. L'élément biographique a naturellement son importance ; mais en soi, il n'est point décisif. »

Ainsi que je l'ai maintes fois déclaré, dans les désaccords que j'eus avec le bolchévisme sur une série de questions de principe, le tort était de mon côté. Mais pour définir en quelques mots, ne fût-ce que d'une façon approximative, le contenu et l'ampleur de mes désaccords passés avec le bolchévisme, je dois dire ce qui suit :

Au temps où je n'étais pas membre du parti bolchévik, dans les moments où mes désaccords avec le bolchévisme atteignaient le maximum d'acuité — jamais la distance qui me séparait des conceptions de Lénine ne fut aussi grande que celle qui sépare la position actuelle de Staline-Boukharine des principes mêmes du marxisme-léninisme.

Chaque nouvelle étape du développement du Parti de la Révolution, chaque livre nouveau, chaque nouvelle théorie à la mode ont suscité un nouveau zig-zag et une nouvelle faute de la part de Boukharine. Toute sa biographie politique et théorique est un enchaînement de fautes au point de vue du bolchevisme. Les fautes que Boukharine a commises après la mort de Lénine dépassent de beaucoup — par l'ampleur et surtout par les conséquences politiques — toutes ses fautes antérieures. Scolastique qui stérilise le marxisme, qui en fait un jeu d'idées et fréquemment une sophistique verbale, Boukharine s'est révélé comme le « théoricien » qualifié de la période de glissement politique de la direction du Parti de la voie prolétarienne dans la voie petite-bourgeoise. On ne peut pas y parvenir sans sophistique. De là le rôle « théorique » actuel de Boukharine.

Dans toutes les questions — peu nombreuses — où Staline a cherché à occuper une position personnelle ou, tout simplement à donner, sans la direction immédiate de Lénine, sa propre réponse aux grandes questions, il a constamment et invariablement — pour ainsi dire organiquement — adopté une position opportuniste.

Dans une lettre qu'il écrivit lors de son exil, Staline appela la lutte de Lénine contre le menchévisme, les gens du *Vpériod* et les conciliateurs une « tempête dans un verre d'eau » (voir la *Zaria Vostoka* du 23-XII-25.)

Autant que je sache, si l'on fait abstraction d'articles plus ou moins justes, mais simplement élémentaires, sur la question nationale, il n'existe pas de documents politiques quelconques reflétant la pensée de Staline avant 1917.

La position personnelle de Staline (avant l'arrivée de Lénine) au début de la Révolution de Février est foncièrement opportuniste.

La position personnelle de Staline à l'égard de la Révolution allemande de 1923 est, d'un bout à l'autre, celle d'un conciliateur se traînant à la remorque des événements.

La position personnelle de Staline dans les questions de la Révolution chinoise n'est qu'une édition en plus mauvais du martynovisme de 1903-1905.

La position personnelle de Staline dans les questions du mouvement ouvrier anglais constitue une capitulation centriste devant le menchévisme.

On peut truquer les citations. On peut dissimuler ses propres sténogrammes. On peut prohiber la diffusion de lettres et d'articles de Lénine. On peut fabriquer des séries de citations tendancieuses. On peut interdire, cacher et brûler des documents historiques. On peut même étendre la censure aux récits photographiques et cinématographiques des événements révolutionnaires. Staline se charge de tout cela. Mais les résultats ne justifieront pas ses attentes. Il faut toute l'étroitesse d'esprit de Staline pour croire que l'on puisse faire oublier, par de misérables machinations bureaucratiques de ce genre, les événements gigantesques de l'histoire récente.

En 1918, dans la première phase de sa lutte contre moi, Staline avait été cependant obligé, comme on l'a déjà vu, d'écrire les mots suivants :

« *Tout le travail pour l'organisation pratique de l'insurrection fut accompli sous la direction immédiate de Trotsky, Président du Soviet de Pétrograd. On peut dire en toute certitude que le rapide passage de la garnison aux côtés du Soviet et l'habile organisation du travail du Comité de guerre révolutionnaire, le Parti en est redevable avant tout et surtout au camarade Trotsky.* » (Staline, *Pravda* du 6 Novembre 1918.)

Prenant l'entière responsabilité de mes paroles, je suis obligé de dire aujourd'hui : l'écrasement sauvage du prolétariat chinois et de la Révolution chinoise dans ses trois principales étapes ; le renforcement de la position des agents trade-unionistes de l'impérialisme britannique après la grève générale de 1926 ; enfin, l'affaiblissement général de la position de l'Internationale Communiste et de l'U. R. S. S., le Parti en est redevable avant tout et surtout à Staline.

Le 21 Octobre 1927.

TROTSKY EST ACCUSÉ D'AVOIR ENFREINT LA DISCIPLINE DU PARTI

(DISCOURS PRONONCÉS A LA SÉANCE DE LA COMMISSION CENTRALE DE CONTROLE. JUIN 1927.)

L'élimination de Trotsky de ses fonctions dirigeantes avait été préméditée dès la première maladie de Lénine, c'est-à-dire dès 1922. Dans le courant de l'année suivante, la besogne préparatoire battait son plein ; vers la fin de l'année, la campagne éclatait au grand jour. La direction de cette besogne était assumée par le triumvirat (Staline, Zinoviev, Kamenev). Mais en 1925, le triumvirat se désagrège. Zinoviev et Kaménev tombent eux-mêmes sous les coups de l'appareil qu'ils ont forgé contre Trotsky. A partir de ce moment, la tâche de la fraction Staline est de procéder à un changement complet des hommes placés à la direction, en évinçant des postes qu'ils occupent tous ceux qui ont dirigé le Parti et l'État du vivant de Lénine. En juillet 1926, Trotsky donne lecture, à l'assemblée plénière du Comité Central et de la Commission Centrale de Contrôle, d'une déclaration qui prédit très exactement les mesures que la fraction Staline devait prendre par la suite pour substituer une direction stalinienne à la direction léniniste. Ce programme. les staliniens exécutèrent au cours des années suivantes, avec une ponctualité remarquable.

La principale étape dans cette voie fut la comparution de Trotsky devant le tribunal du Présidium de la Commission Centrale de Contrôle sous la double accusation : 1º d'avoir prononcé des discours « fractionnels » à la session du Comité Exécutif de l'Internationale Communiste ; 2º d'avoir pris part aux manifestations de sympathie en faveur de Smilga, membre du Comité Central, envoyé quelque temps auparavant en Sibérie orientale, à Khabarovsk, en châtiment de son attitude oppositionnelle. Zinoviev se vit également accuser de crimes analogues. Comme sanction, leur éviction du Comité Central fut envisagée.

On trouvera ci-contre deux discours que l'auteur de ce livre prononça devant le Présidium de la Commission Centrale de Contrôle qui remplissait le rôle de Cour de justice. L'auteur a fait dans le sténogramme des deux discours d'importantes coupures relatives à des questions que le lecteur étranger n'eût pu comprendre sans explications détaillées. Quant au reste, sauf de légères corrections de style, les discours sont publiés tels qu'ils ont été prononcés.

PREMIER DISCOURS

Trotsky. — Avant d'aborder mon plaidoyer ou mon réquisitoire — je ne sais comment dire — je me vois obligé de demander que soit éliminé du présent tribunal le camarade Jansson, que récuse toute son attitude antérieure. Vous êtes tous, évidemment, au courant de l'existence, à partir de 1924, d'un « Comité des sept » fractionnel, composé de tous les membres du Bureau Politique, à l'exception de moi-même. Celui qui occupait ma place était votre ex-président, Kouïbitchev, qui aurait dû, étant donné ses fonctions, être le principal gardien des statuts et des mœurs du Parti, mais qui, en fait, a été le premier à les violer et à les dénaturer. Ce « Comité des sept » a été une institution illégale et contraire au Parti, disposant des destinées de ce dernier à son insu. Dans un discours qu'il prononça à une séance du Comité Central, le camarade Zinoviev désigna Jansson comme l'un de ceux qui participèrent aux travaux, contraires au Parti, du « Comité des sept ». Personne n'a opposé de démenti à cette déclaration. Jansson lui-même n'a pas bronché. Bien que d'autres soient également coupables du même crime, il y a, en ce qui concerne Jansson, des dépositions mentionnées dans un procès-verbal. Aujourd'hui Jansson se dispose à me juger pour attitude contraire au Parti. J'exige de vous que Jansson soit récusé en tant que juge.

Le président Ordjonikidzé. — Cela n'est pas possible. Vous voulez sans doute plaisanter, camarade Trotsky.

Trotsky. — Je n'ai pas coutume de plaisanter dans les questions graves et importantes. Je comprends que ma proposition ait pu mettre le Présidium dans une situation quelque peu difficile, car je crains qu'il n'y en ait d'autres dans le Présidium à avoir participé au travail des « sept ». Quoi qu'il en soit, ma proposition n'était certes pas une plaisanterie. A la vérité, si ces réunions se donnaient soi-disant pour but de « fixer l'ordre du jour » du Bureau Politique, bien que membre de ce dernier, j'ignorais tout de ces réunions. Or, c'est au cours de celles-ci qu'on arrêtait les mesures de lutte contre moi. C'est là notamment que fut prise la décision des membres du Bureau Politique de ne pas polémiser entre eux, mais seulement contre Trotsky. Le Parti ignorait cela, je l'ignorais également. Il en fut ainsi pendant longtemps. Je n'ai pas dit que le camarade Ordjonikidzé en était membre, mais qu'il participait à la besogne de ce Comité fractionnel.

Ordjonikidzé. — Jansson peut-être, mais pas Ordjonikidzé, vous faites erreur.

Trotsky. — Je m'en excuse, bien que cette erreur me semble de pure forme. J'ai parlé en effet de Jansson. Je n'ai pas dit que le camarade Jansson faisait partie du Comité même ; j'ai dit qu'il participait aux travaux de ce Comité fractionnel qui, bien que n'étant pas prévu par les statuts du Parti, travailla contre les statuts et contre la volonté du Parti — sinon il n'aurait pas eu à se cacher. S'il y a ici d'autres camarades qui, comme Jansson, ont pris part à la besogne de ce Comité, je demande instamment que la récusation formulée par moi leur soit également étendue.

(Le Présidium repousse séance tenante la récusation de Jansson.)

Trotsky. — Des camarades prétendent aujourd'hui qu'il est nécessaire de nous éliminer du Comité Central à cause de la manifestation de la gare de Yaroslav, du discours de Zinoviev diffusé par radio, et de mon « attitude » au Comité Exécutif de l'Internationale Communiste. Tout cela serait convaincant, s'il n'y avait pas la déclaration que nous, Opposition, avons remise au Comité Central dès le *début de Juin de l'année dernière.* Nous y avions prédit très clairement et fort justement les voies que suivrait la lutte que vous dirigez contre nous ; nous avions prédit que vous utiliseriez les moindres chicanes pour réaliser le programme de réorganisation de la direction idéologique que votre chef fractionnel s'est fixé depuis longtemps, bien avant la session de Juin du Comité Central et le XIVᵉ Congrès du Parti.

Vous formulez contre moi deux accusations. La première, mon intervention au Comité Exécutif de l'Internationale Communiste. J'ai considéré et je considère encore que la Commission Centrale de Contrôle ne peut en aucun cas me juger pour les interventions que j'ai faites à la session du Comité Exécutif de l'Internationale Communiste ; si le camarade Jansson ne le comprend toujours pas, il devra sérieusement songer à relire les statuts de l'Internationale et de notre Parti. Il s'apercevra alors que j'ai raison, comme j'aurais parfaitement raison de dénier le droit, à une Commission de Contrôle provinciale, de me demander compte d'une intervention que j'aurais faite en qualité de membre du Comité Central.

La deuxième accusation a trait aux manifestations de sympathie qui ont eu lieu à la gare de Yaroslav en faveur de Smilga. Vous avez banni Smilga à Khabarovsk. Je demande une fois de plus qu'on veuille bien se mettre d'accord sur une explication quelconque de ce bannissement. Schkiriatov s'est écrié à la Commission Centrale de Contrôle : « On peut également travailler à Khabarovsk ! » Si Smilga était envoyé dans des conditions normales à Khabarovsk pour y travailler, vous ne viendriez pas dire que le fait de l'avoir accompagné à la gare était une démonstration dirigée contre le Comité Central. Et s'il s'agit là du bannissement administratif d'un camarade dont la présence est nécessaire à des postes responsables, c'est-à-dire à des postes soviétiques de combat, c'est donc que vous trompez le Parti et que vous jouez double jeu. Maintenez-vous encore que l'envoi de Smilga à Khabarovsk répond à une mission qui lui aurait été confiée selon la procédure ordinaire ? Et en même temps nous accuserez-vous d'avoir organisé une démonstration contre le Comité Central ? Cette politique est à double fond.

Mais de ces chicanes dans l'accusation, je passerai tout de suite aux questions politiques essentielles.

Les dangers de guerre. — Dans la déclaration que nous avons remise au mois de Juillet de l'année dernière, nous disions : « Une des plus puissantes conditions de défense de l'Union Soviétique, et par conséquent du maintien de la paix, consiste en un lien indissoluble unissant l'Armée Rouge grandissante et de plus en plus forte aux masses laborieuses de notre pays et du monde entier. Toutes les mesures économiques, politiques et culturelles qui accroissent le rôle de la *classe ouvrière* dans l'État, consolident le lien qui l'unit aux ouvriers agricoles, aux pauvres des campagnes, de même qu'aux paysans moyens — et par là augmentent la force de l'Armée Rouge, assurent l'inviolabilité du pays des Soviets et renforcent la cause de la paix. »

La preuve existe qu'il y a un an, nous vous invitions à examiner le danger de guerre et les dangers à l'intérieur de l'U. R. S. S. en temps de guerre. Ce ne sont pas là des questions spéciales. Ce sont des questions inhérentes à notre politique de classe, à notre cours tout entier. Lorsque le chef formel de l'Etat, le Président du Comité Central Exécutif, Kalinine, prononce à Tvers un discours dans lequel il déclare que nous avons besoin de soldats forts et robustes, mais que le soldat fort et robuste ne peut être qu'un paysan moyen aisé, que les paysans pauvres ne peuvent donner de tels soldats parce qu'il y a beaucoup de malingres parmi eux — est-ce qu'il n'y a pas là un cours évident misant sur le paysan moyen aisé, sous le nom duquel ne se faufile ni plus ni moins que le koulak ou le candidat koulak ? Kalinine oublie que nous avons fait la Révolution d'Octobre et que les souffreteux et les malingres y ont vaincu les bien bâtis et les forts. Pourquoi ? Parce que les premiers étaient et restent encore le nombre. Qu'importe, direz-vous, ce qu'a pu déclarer ce cher Michel Ivanovitch ! Mais l'avez-vous rappelé à l'ordre ? Non, vous ne l'avez pas fait, tandis que vous nous rappelez à l'ordre lorsque nous nous avisons de critiquer sa politique qui humilie le paysan pauvre et donne des forces au koulak — à ce koulak que Yakovlev ici présent dissimule par des trucs de statistique. Si quelqu'un doit être ici jugé, c'est Yakovlev; c'est pourtant lui qui s'apprête à nous juger.

Aujourd'hui, vous exploitez le danger de guerre pour traquer l'Opposition et préparer son écrasement. Jugez vous-mêmes : de tous les travaux du Comité Exécutif de l'Internationale au cours desquels nous avons examiné et les dangers de guerre, et le mouvement ouvrier anglais, et plus particulièrement la question de la Révolution chinoise, vous n'avez publié, pour l'édification du Parti, qu'une seule petite brochure rouge contre l'Opposition, non sans avoir, là encore — comment dire ? — escamoté mon discours du compte rendu sténographique, sous le prétexte que je ne l'avais pas encore « revu ». Cela signifie que vous exploitez le danger de guerre avant tout contre nous.

Nous déclarons que nous continuerons à critiquer le régime stalinien tant que vous ne nous aurez pas bâillonné par des moyens physiques. Aussi longtemps que vous ne nous aurez pas bâillonnés, nous critiquerons ce régime qui porte en soi la ruine de toutes les conquêtes de la Révolution d'Octobre. Déjà, au temps du tsarisme, il existait des patriotes qui confondaient la patrie avec les autorités. Nous ne sommes pas de ce nombre. Nous critiquerons le régime stalinien, comme un régime d'incapacité, un régime de glissement, de faiblesse idéologique, de courtes vues, sans perspicacité.

Une année durant, nous avons fait appel à votre conscience au sujet du Comité Anglo-Russe (1). Nous vous avons dit que ce Comité tue le mouvement révolutionnaire en développement dans le prolétariat anglais. Et toute votre autorité, l'expérience bolchévique accumulée, l'autorité de Lénine, vous avez jeté tout cela dans la balance afin de soutenir Purcell. Vous dites : « Mais nous le critiquons ! » C'est là, de la part de bolchéviks opérant un glissement, une nouvelle forme de soutien

---

(1) Comité qui fut formé entre les dirigeants des Trade-Unions et ceux des Syndicats russes.

de l'opportunisme. Vous le « critiquez » — de plus en plus mollement, de plus en plus rarement — et vous restez en liaison avec lui. Ne pourra-t-il répondre à ces révolutionnaires, à ces bolchéviks, lorsqu'ils le stigmatiseront comme un agent de Chamberlain : « Mais regardez donc, c'est le même Tomsky, membre du Bureau Politique, Président de la Centrale des Syndicats russes, celui qui a envoyé l'argent aux grévistes anglais ; il me critique peut-être, mais il marche avec moi la main dans la main ; comment osez-vous donc me traiter d'agent de l'impérialisme ? » Aura-t-il tort ou raison de leur faire cette réponse ? Il aura raison. Par une voie compliquée, vous avez mis tout le mécanisme du bolchévisme au service de Purcell. Nous vous en accusons. Cette accusation est plus grave, autrement plus sérieuse que d'avoir accompagné Smilga à la gare de Yaroslav. Qu'avez-vous fait du bolchévisme ? De son autorité, de l'expérience, de la théorie de Marx et de Lénine? Qu'avez-vous fait de tout cela en quelques années ? Vous avez dit aux ouvriers du monde entier, et à nos ouvriers moscovites en premier lieu, qu'en cas de guerre, le Comité Anglo-Russe serait le centre d'organisation de la lutte contre l'impérialisme. Et nous, nous avons dit et nous disons encore qu'en cas de guerre, le Comité Anglo-Russe sera la tranchée toute prête pour tous les déserteurs de la race des faux amis, pour tous les transfuges qui passeront au camp des ennemis de l'Union Soviétique. Thomas soutient ouvertement Chamberlain. Mais Purcell soutient Thomas et c'est là l'essentiel. Thomas se maintient par l'appui du capital. Purcell se maintient par la duperie des masses et il soutient Thomas. Or, vous soutenez Purcell. C'est bien chez vous, sur votre flanc droit, qu'existe une chaîne qui va jusqu'à Chamberlain. C'est vous qui êtes sur le même front que Purcell, lequel soutient Thomas et avec lui Chamberlain. Voilà ce qui ressort de l'analyse politique et non point d'une chicane !

Dans les réunions, notamment dans les cellules ouvrières et paysannes, on raconte le diable sait quoi sur l'Opposition, on demande avec quelles « ressources » l'Opposition fait sa « besogne » ; des ouvriers, peut-être ignorants, peut-être inconscients, peut-être aussi envoyés par vous, posent ces questions ultra-réactionnaires... Et il se trouve des orateurs assez lâches pour répondre à ces questions évasivement. Cette campagne immonde, misérable, écœurante, stalinienne pour tout dire, vous auriez le devoir d'y mettre un terme — si vous étiez vraiment une Commission Centrale de Contrôle !

Mais nous ne nous occupons pas de chicanes, nous faisons une franche déclaration politique : sur le même front figurent Chamberlain et Thomas, Purcell les soutient ; sans son appui, ils ne sont rien ; en soutenant Purcell vous affaiblissez l'U. R. S. S. et renforcez l'impérialisme. Voilà qui est une honnête déclaration politique ! Vous en sentez vous-mêmes aujourd'hui tout le poids.

Si sérieusement, comme vous le dites, vous redoutiez un danger de guerre, est-ce que vraiment l'on pourrait se livrer au sein même du Parti à cette folle répression qui ne cesse d'empirer ? Pourrait-on en ce moment chasser des militants de premier ordre, les évincer du travail militaire parce que, prêts, aptes à combattre pour la patrie socialiste, ils considèrent la politique actuelle du Comité Central comme une politique fausse et funeste ? Smilga, Mratchkovsky, Lachevitch, Bakaïev — avez-vous beaucoup de travailleurs militaires comme ceux-là ? J'ai entendu dire que vous vous disposiez à relever Mouralov de l'Inspection Militaire sous le prétexte qu'il aurait signé la déclaration des 83. Vous marchez avec Purcell et autres « lutteurs contre la guerre » de même acabit, mais vous voulez enlever Mouralov à l'Inspection Militaire ! *(Bruit dans la salle.)*

Une voix. — Qui vous a fait ce rapport ?

Trotsky. — Personne ne m'a fait de rapport, mais je sais qu'il en est de plus en plus question.

Ordjonikidzé. — Vous allez un peu vite.

Trotsky. — Vous venez de dire une parole juste : je parle

en effet, quarante-huit heures trop tôt, d'une chose que vous accomplirez dans un instant (1), de même que l'an dernier en Juillet, nous vous avons tracé à l'avance le cours tout entier de votre lutte contre nous.

Maintenant, il s'agit d'une nouvelle étape.

Et les auditeurs de l'Académie Militaire et de l'Académie de l'Aviation ? Vous en chassez les meilleurs pour attitude oppositionnelle. J'ai eu le temps de rassembler de brèves notes biographiques sur les quatre auditeurs que vous avez évincés ces jours-ci, alors qu'ils étaient à la veille de terminer les Académies militaires. La première biographie est celle d'Okhotnikov, la seconde, de Kouzmitchev, la troisième, de Broïdta, la quatrième, de Capel. Voici la première. Okhotnikov est né en 1897. Son père et sa mère étaient des paysans de Bessarabie ; ils ne possédaient pas de terre, ils travaillaient celle du propriétaire foncier. Instruction primaire. Jusqu'en 1905, il travaille avec son père, s'embauchant également de temps en temps comme voiturier. A partir de 1915, il sert dans l'armée tsariste. Au moment de la Révolution de Février, il est à Ekaterinoslav ; le 26e régiment d'artillerie l'élit au Soviet de députés soldats ; en Mai, il est envoyé pour « tournure d'esprit bolchévik » sur le front de la 4e armée où il entre dans le Comité de la Division et du corps d'armée de la 17e brigade. Blessé au cours d'un combat, il se trouve au moment de la Révolution d'Octobre en traitement à l'hôpital. Sorti de l'hôpital en Décembre 1917, il organise aussitôt un corps de partisans et lutte contre l'armée d'occupation roumaine, travaille sous la direction du Parti bolchévik et, en 1918, adhère à l'organisation illégale de Bessarabie. Il devient président du Comité Révolutionnaire illégal du district de Telets et commandant d'un corps de partisans. Jugé à deux reprises, en raison de son action, par un Conseil de Guerre roumain, il est condamné à mort, mais

---

(1) Mouralov, un des dirigeants les plus marquants de l'Armée Rouge, ne tarda pas à être non seulement relevé de l'Inspection militaire, mais exclu du Parti et déporté en Sibérie où il est encore actuellement. — L. T.

réussit à s'échapper. En 1919, il arrive en Ukraine, avec un groupe de partisans, où il entre dans la 45e Division rouge. Il occupe divers postes de commandement. Il passe toute la guerre sur le front et, celle-ci terminée, il prend part à maintes reprises à la lutte contre les bandits blancs. En 1924, il arrive à l'Académie Militaire. Manquant d'instruction générale, il est au début classé dans le cours préparatoire. Il passe du premier degré au second degré du cours avec la mention « bien ». Dans le Parti, une sanction le frappe une première fois en Février 1927, pour idées oppositionnelles. Il est maintenant rayé de l'Académie « pour avoir accompagné Smilga ».

J'ai pour le moment quatre biographies de ce genre qui, dans l'ensemble, ne diffèrent guère les unes des autres. Ce sont des soldats de la Révolution, des soldats du Parti, qui ont reçu des blessures, des diplômes du Comité Central Exécutif, qui ont été décorés de l'Ordre du Drapeau rouge, des révolutionnaires trempés qui resteront fidèles à Octobre, qui lutteront jusqu'au bout pour Octobre — et vous les chassez des Académies militaires ! Est-ce ainsi qu'on prépare la défense militaire de la Révolution ?

On nous accuse, vous le savez, de *pessimisme et de scepticisme*. Quelle est donc l'origine de l'accusation de « pessimisme »? Cette vile, cette stupide expression a été lancée, semble-t-il, par Staline. Pour aller *contre le courant*, ainsi que nous le faisons, il faut cependant un peu plus de foi dans la Révolution internationale qu'il y en a chez beaucoup d'entre vous. D'où vient cette accusation de scepticisme ? De la fameuse théorie de l'édification du socialisme dans un seul pays. Nous n'avons pas eu foi dans cette théorie de Staline.

Zinoviev. — Ordjonikidzé me disait en 1925 : « Écris contre Staline. »

Trotsky. — Nous n'avons pas eu foi dans cette découverte qui tend à dénaturer radicalement Marx et Lénine. Nous n'avons pas eu foi dans cette découverte, et c'est pourquoi nous sommes des pessimistes et des sceptiques.

Eh bien, savez-vous qui a été le précurseur de l'« optimiste » Staline ? Je vous ai apporté un document important que je vous remettrai si vous en avez le désir. C'est un article de Folmar, social-patriote allemand, écrit en 1879. Cet article est intitulé : « L'Etat socialiste isolé. » Il faudrait pouvoir le traduire et l'envoyer à tous les membres du Comité Central et de la Commission Centrale de Contrôle, comme d'ailleurs à tous les membres du Parti.

Le social-démocrate allemand Folmar défendait la théorie du socialisme national dès 1879, alors que son épigone, Staline, ne s'est mis à fabriquer sa théorie « originale » qu'en 1924. Pourquoi en 1879 ? Parce que c'était une époque de réaction, une période de vaste recul et de glissement du mouvement ouvrier européen. La Commune de Paris avait été vaincue en 1871, et, jusqu'en 1879, la France resta sans mouvement révolutionnaire. En Angleterre, le trade-unionisme libéral, la politique ouvrière libérale triomphaient sur toute la ligne. Ce fut l'époque de la décadence la plus profonde du mouvement révolutionnaire anglais comme du mouvement révolutionnaire continental. Mais, à la même époque, en Allemagne, la Social-démocratie se développait rapidement. Cette contradiction conduisit Folmar à recourir lui aussi à la théorie originale du socialisme dans un seul pays. Savez-vous comment a fini Folmar ? Il a fini dans la peau d'un social-démocrate bavarois, d'un archi-droitier, d'un chauvin. Vous direz sans doute qu'aujourd'hui la situation est tout autre ? Certes, la situation générale est aujourd'hui bien différente. Mais en ces dernières années, les défaites du prolétariat ont été grandes en Europe. Les espoirs de révolution mondiale, de victoire prolétarienne *immédiate* — qui existaient en 1918-1919 — sont aujourd'hui écartés, et d'aucuns qui appartiennent aux optimistes de la majorité et qui ont perdu cet espoir, tendent ainsi à conclure que l'on peut maintenant se passer de la Révolution internationale. Voilà bien les prémisses d'un glissement opportuniste vers la « Folmarisation » étroitement nationale, à commencer par sa théorie du socialisme dans un seul pays.

Vous nous accusez, relativement à cette théorie, de même que sans rapport avec elle, de pessimisme et de scepticisme. Nous, Opposition, nous sommes une « poignée » de pessimistes et de sceptiques. Le Parti est uni et dans son sein, tous sont optimistes et pleins de foi. Tout cela n'est-il pas un peu trop simple ? Permettez-moi donc de poser ainsi la question : *l'arriviste*, c'est-à-dire l'individu qui ambitionne les profits personnels, adhère-t-il aujourd'hui à l'Opposition ? Il n'y aurait guère que l'arriviste le plus fieffé qui pourrait y adhérer un instant pour s'en détacher aussitôt afin de se faire ranger séance tenante dans la catégorie des « meilleurs représentants » de notre Parti et du pays. Mais ce sont là des personnages d'une infâmie exceptionnelle. Si l'on prend l'arriviste moyen, je vous le demande, cherchera-t-il dans les conditions actuelles, à se faire une carrière en passant par l'Opposition ? Vous savez bien que non. Le *profiteur* ira-t-il dans les conditions actuelles à l'Opposition, lorsque, pour délit d'Opposition, on chasse des usines, en les réduisant au chômage, des prolétaires bolchéviks qui, le moment venu, ne se battront pas plus mal que tous ceux qui sont ici présents ? Non, le profiteur n'ira pas à l'Opposition. L'exemple des ouvriers oppositionnels nous montre que, malgré la répression, on a encore le courage dans les rangs du Parti de combattre pour ses conceptions. La première qualité de tout révolutionnaire est de savoir aller même contre le courant, de savoir lutter, même dans les conditions les plus difficiles, pour ses conceptions. Je vous le demande une fois de plus : les gens du commun, les bureaucrates, les profiteurs, iront-ils à l'Opposition? Ah!certes non, ils n'iront pas. Et les ouvriers chargés de famille, fatigués, déçus par la Révolution, qui restent dans le Parti par inertie, iront-ils à l'Opposition ? Non, ils n'iront pas. Ils se diront : « évidemment, le régime est mauvais, mais qu'on fasse d'eux ce qu'on voudra, je ne veux pas me fourrer dans cette galère »! Quelles qualités faut-il donc avoir, dans les conditions actuelles, pour entrer dans l'Opposition ? Il faut une foi solide dans sa cause, c'est-à-dire dans la cause de la révolution prolétarienne, une véritable foi révolutionnaire. Et vous, vous n'exigez qu'une foi qui n'est pas autre chose qu'une couleur protectrice : elle consiste à voter selon l'avis de la direction, à identifier la patrie socialiste à un simple Comité du Parti, à régler sa conduite sur celle du Secrétariat. Si vous travaillez dans l'industrie, dans l'administration, pour être tranquille, vous prenez une assurance auprès du Comité du Parti de votre rayon, ou auprès du secrétaire du Comité de Parti de votre province. Par quoi se vérifie votre foi intégrale ? Par le vote à 100 %. Celui qui ne veut pas prendre part à ce vote de contrainte, cherche à déguerpir. Mais le secrétaire de cellule le retient : « Tu dois voter et voter comme on te le dit. » Ceux qui se refusent à voter sont immédiatement repérés. Et vous croyez pouvoir cacher tout cela au prolétariat ? Allons donc ! Je vous le demande : avec qui jouez-vous ? Vous jouez un mauvais jeu avec vous-mêmes, avec la Révolution et avec le Parti ! Celui qui vote toujours à 100 % avec vous, qui hier, par ordre, fendait l'oreille à Trotsky, aujourd'hui, à Zinoviev, qui, demain fendra l'oreille à Boukharine et à Rykov, celui-là ne sera jamais un soldat sûr aux heures difficiles de la Révolution. L'Opposition, elle, montre sa fidélité et son courage par le fait même que, dans une grave période de glissement et de pression officielle, elle ne se rend pas, mais groupe autour d'elle au contraire les éléments combattifs les plus précieux, qu'on ne peut ni acheter ni terroriser.

Jansson. — Des arrivistes et des profiteurs, on en trouve aussi parmi les oppositionnels.

Trotsky. — Nommez-les. Nous les chasserons ensemble, nommez-les donc ! Où sont-ils ? Le noyau fondamental de l'Opposition se compose d'éléments qu'on ne peut ni terroriser ni acheter.

Le régime du Parti bâillonne, oppresse, enchaîne le Parti, masque le profond processus de classe qui s'opère dans le pays, processus auquel nous nous heurtons aux premiers bruits de danger de guerre et auquel nous nous heurterons encore plus violemment — si la guerre vient.

Le régime actuel défigure le caractère de l'avant-garde du prolétariat en ne permettant pas de dire ouvertement et honnêtement d'où vient le danger — et le danger qui menace le prolétariat vient des classes non-prolétariennes, toute la dernière période consistant en un repli politique du prolétariat, *tandis* que les autres classes prennent de l'envergure.

C'est à cela que se rapporte la question de l'État ouvrier. Un des innombrables et honteux mensonges que l'on répand systématiquement par la voie de la *Pravda* est que j'aurais soi-disant déclaré que notre État n'est pas ouvrier. On fait cela en falsifiant un sténogramme que je n'ai pas revu, où j'exposais simplement l'attitude de Lénine, par rapport à l'Etat Soviétique, en l'opposant à celle de Molotov. Lénine disait que nous avions pris bien du mauvais de l'appareil tsariste. Que dites-vous aujourd'hui ? Vous faites un *fétiche* de l'État ouvrier, vous voulez le sanctifier comme une sorte d'État constitué « par la grâce de Dieu ». Quel est le théoricien typique de cette sanctification ? — Molotov. C'est là qu'est son mérite. Je vais vous donner lecture une fois de plus de ses déclarations. Vous avez caché ma critique de Molotov, et la *Pravda* l'a dénaturée. Voici ce qu'a dit Molotov contre Kaménev à la XIVe Conférence du Parti de la province de Moscou (*Pravda*, 13 Décembre 1925) : « Notre État est un État ouvrier... Mais voilà qu'on nous offre une formule, dont le plus juste est de la définir ainsi : rapprocher encore davantage la classe ouvrière de notre État... Comment peut-il en être ainsi ? Nous devrions nous assigner la tâche de rapprocher les ouvriers de notre État, mais notre État, quel est-il — à qui appartient-il ? Aux ouvriers, oui ou non ? N'est-il pas l'État du prolétariat ? Comment peut-on rapprocher de l'État, c'est-à-dire rapprocher les ouvriers eux-mêmes, de la classe ouvrière qui est au pouvoir et qui gouverne l'État ? » Voilà les paroles de Molotov. C'est, camarades, la critique le plus stupide de la conception léniniste du *présent* État ouvrier, c'est-à-dire d'un Etat qui ne peut devenir vraiment et à fond un Etat ouvrier que par un travail gigantesque de critique, d'amendement, d'amélioration. Or, d'après Molotov, le présent État est une espèce d'absolu ouvrier qu'il n'est déjà plus possible de rapprocher des masses. C'est ce fétichisme bureaucratique que vise mon objection, ou plutôt, mon exposé de l'analyse léniniste de l'État soviétique. *(Interruptions.)* On dit ici : « Que faut-il faire ? » Si vous estimez franchement que contre les choses que j'indique il n'y a rien à faire, c'est donc que vous considérez la Révolution comme perdue. Car dans la voie où elle est engagée actuellement, elle doit périr. Vous êtes donc les véritables pessimistes, bien que vous soyez des pessimistes satisfaits. On peut cependant fort bien modifier la situation en changeant de politique. Mais avant de décider *ce qu'il faut faire*, il faut dire *ce qui est*, dans quels sens s'opèrent les processus. Si vous prenez une question aussi douloureuse que celle des logements, vous verrez que là s'opèrent deux processus s'exprimant par des chiffres qu'il vous est facile de vérifier : le prolétariat se tasse de plus en plus dans les logements, tandis que les autres classes se mettent de plus en plus au large. Je ne parle pas de la campagne qui bâtit beaucoup. Naturellement, ce ne sont pas les pauvres gens qui bâtissent, mais les couches sociales supérieures, le koulak et le paysan moyen aisé. Et dans les villes ? Pour ce qu'on appelle les « artisans », c'est-à-dire la petite bourgeoisie, les petits patrons, les commerçants, les spécialistes, le cube d'air qui revient à chacun est plus grand cette année que l'année dernière. Tandis que pour chaque ouvrier, c'est le contraire qui s'est produit. Avant de discuter sur ce qu'on doit faire, il faut constater honnêtement les faits. Il en est dans les conditions d'existence, dans la littérature, dans le théâtre, dans la politique, exactement comme dans la question des logements : les classes non ouvrières s'élargissent, s'allongent, tandis que le prolétariat se replie, se rétrécit. Je répète que, de même que dans le domaine matériel les classes bourgeoises s'élargissent — vous pouvez le constater dans la rue, dans les magasins, dans le tramway, dans les logements — de même dans le domaine politique, le prolétariat dans son ensemble se rétrécit, et *notre régime de Parti accentue le repli de classe du prolétariat.* C'est là le fait capital. L'attaque qui menace vient de droite — elle émane des classes non prolétariennes. Notre critique doit tendre à réveiller, dans la conscience du prolétariat l'attention sur le danger qui vient, afin qu'il ne s'imagine pas que le pouvoir est acquis à jamais, quelles que puissent être les circonstances, et que l'État soviétique est une sorte d'absolu qui est toujours et dans toutes les conditions un État ouvrier. Il faut que le prolétariat comprenne que, dans une période historique déterminée, notamment avec une fausse politique de la direction, l'État soviétique peut devenir un appareil au moyen duquel le pouvoir sera déplacé de sa base prolétarienne pour passer aux mains de la bourgeoisie qui ensuite rejettera l'enveloppe soviétique et convertira son pouvoir en pouvoir bonapartiste. Avec une ligne politique *fausse*, ce danger devient très réel.

Sans révolution internationale, on n'édifiera pas le socialisme. Sans politique juste, calculée sur la Révolution internationale, et non sur le soutien de Purcell, non seulement on n'édifierapas le socialisme, mais on conduira le pouvoir soviétique à sa perte. Il faut que le prolétariat le comprenne. Notre tort à nous, Opposition, notre crime est de ne pas vouloir nous endormir ni fermer les yeux « en optimistes » sur les dangers qui menacent notre Révolution. Le danger réel vient de droite — non de l'aile droite de notre Parti, qui n'est que le mécanisme de transmission — le véritable danger, le danger essentiel vient des classes bourgeoises qui relèvent la tête, et dont l'idéologue est Oustrialov, ce bourgeois intelligent et clairvoyant auquel Lénine prêtait une attention particulière en même temps qu'il mettait en garde contre lui. Vous savez que ce n'est pas nous que soutient Oustrialov, mais Staline. En automne 1926, Oustrialov écrivait : « Maintenant, il faut une nouvelle manœuvre, une nouvelle impulsion : pour nous exprimer en langage figuré, *une néo-nep*. De ce point de vue, il faut reconnaître que plusieurs concessions pratiques que le Parti a faites récemment à l'Opposition ne peuvent pas ne pas inspirer de sérieuses inquiétudes. » Et plus loin : « Gloire au Bureau Politique, si le *mea culpa* des chefs de l'Opposition est le résultat de leur capitulation *unilatérale et catégorique*. Mais il serait mauvais qu'il fut le fruit d'un compromis avec eux. Dans ce cas, la lutte reprendrait fatalement... Le Comité Central victorieux doit acquérir une immunité intérieure contre le virus dissolvant de l'Opposition. Il doit tirer toutes les déductions de la défaite de celle-ci... *Sinon, ce serait une calamité pour le pays.* » « C'est ainsi — poursuit Oustrialov — que doivent envisager les choses, les intellectuels restés en Russie, les milieux d'affaires, les spécialistes, les idéologues de l'évolution et non de la Révolution. » Et conclusion d'Oustrialov : « Voilà pourquoi nous sommes aujourd'hui... à fond pour Staline. » Que répondez-vous à cela ? Vous voulez évincer l'Opposition du Comité Central, pour l'instant rien que du Comité Central. Le bourgeois Oustrialov connaît l'histoire de la Révolution française, il la connaît parfaitement. Et cet interprète des sentiments de la nouvelle bourgeoisie comprend que le glissement des bolchéviks eux-mêmes peut seul préparer de la façon la moins douloureuse l'accession au pouvoir de la nouvelle bourgeoisie. Oustrialov écrit, en soutenant le Comité Central stalinien, qu'il est nécessaire de protéger (quoi ?) contre le virus dissolvant de l'Opposition. Il est donc lui aussi d'accord avec vous pour penser que l'Opposition, c'est le virus dissolvant qu'il faut détruire, sinon, ce serait une « calamité pour le pays ». Ainsi s'exprime Oustrialov. Voilà pourquoi il est non seulement contre nous, mais encore soutient Staline. Méditez cela. Vous n'êtes pas en face d'ignorants, de gens inconscients ou trompés qui croient que l'Opposition travaille avec de l'argent anglais ; non, Oustrialov est un homme conscient, qui sait ce qu'il dit et qui sait où il va. Pourquoi donc vous soutient-il ? Que défend-il avec vous ?

On m'a répété récemment que le camarade Soltz (1), au cours d'une conversation avec l'un des camarades qui ont signé la déclaration de l'Opposition, a établi une analogie avec la Révolution française. Au fait, je pense que c'est la bonne méthode. Je crois qu'il serait bon aujourd'hui de rééditer à l'intention du Parti l'histoire réelle et l'interprétation marxiste de la Révolution française, de sa dernière période notamment. Le camarade Soltz est ici présent, il sait mieux que quiconque ce qu'il a dit, et si je le rapporte inexactement, il voudra bien me rectifier. « Que signifie la déclaration des 83 ? disait Soltz. Où mène-t-elle ? Vous connaissez l'histoire de la Révolution française et à quoi cela a abouti. Aux arrestations et à la guillotine. » Le camarade Vorobiev, avec qui le camarade Soltz s'entretenait, lui demanda : « Quoi donc, vous vous disposez à nous guillotiner ? » S'étendant sur le sujet, Soltz lui expliqua : « Pensez-vous donc que Robespierre ne plaignait pas Danton quand il l'envoyait à la guillotine ? Robespierre dut ensuite y passer lui-même... Pensez-vous donc que ce ne fut pas pénible ? Il le fallut pourtant... » Telle fut la substance de cette conversation. Je dis moi aussi qu'il faut rafraîchir à tout prix nos connaissances sur la Révolution française — cela est indispensable. On peut commencer, ne fût-ce que par Kropotkine qui ne fut pas un marxiste, mais qui comprit mieux que Jaurès les sentiments du peuple et les soubassements de classe de la Révolution. Pendant la Révolution française, on a guillotiné bien des gens. Nous aussi nous en avons fusillé beaucoup. Mais la Révolution française renferma deux grands chapitres, un qui se déroula ainsi (*l'orateur esquisse une courbe montante*), l'autre qui s'en alla ainsi (*en bas*). Voilà ce qu'il faut comprendre. Lorsque le chapitre se déroulait dans une courbe montante, les jacobins français, les bolchéviks d'alors, guillotinaient les royalistes et les girondins. Nous avons connu ce grand chapitre lorsque nous,

---

(1) Un des membres du Tribunal, c'est-à-dire du Présidium de la Commission Centrale de Contrôle. — L. T.

oppositionnels, nous avons fusillé avec vous, les gardes-blancs et les girondins. Puis un nouveau chapitre s'ouvrit en France quand les oustrialovistes et semi-oustrialovistes français, les thermidoriens et les bonapartistes, les jacobins de droite, se mirent à bannir et à fusiller les jacobins de gauche, les bolchéviks d'alors. Je voudrais bien que le camarade Soltz réfléchisse jusqu'au bout à son analogie et qu'il se demande tout d'abord à lui-même : selon quel chapitre se dispose-t-il à nous fusiller ? *(Bruit dans la salle.)* Il ne s'agit pas de plaisanter, la Révolution est une chose sérieuse. Il n'en est pas un seul parmi nous auquel les fusillades fassent peur. Nous sommes tous de vieux révolutionnaires. Mais il faut savoir qui fusiller et selon quel « chapitre ». Lorsque nous avons fusillé, nous savions pertinemment selon quel chapitre nous le faisions. Mais aujourd'hui comprenez-vous clairement selon quel chapitre vous vous disposez à nous fusiller ? Je crains, camarade Soltz, que vous ne vous disposiez à nous fusiller selon le chapitre oustrialoviste : le chapitre de Thermidor.

Quand on emploie chez nous le terme « thermidorianchina » on s'imagine que c'est une injure. On croit qu'il s'agissait là de contre-révolutionnaires avérés, de partisans conscients de la royauté et ainsi de suite. Pourtant, ils n'étaient rien de tels ! Les thermidoriens étaient des jacobins qui avaient seulement évolué à droite. L'organisation jacobine — les bolchéviks d'alors — sous la pression des contradictions de classe, en arriva bien vite à la conviction qu'il fallait anéantir le groupe de Robespierre. Croyez-vous qu'au lendemain du 9 Thermidor ils se soient dit : nous venons de remettre le pouvoir aux mains de la bourgeoisie ? Non, non rien de pareil ! Prenez tous les journaux de l'époque. Ils se disaient : nous avons anéanti une poignée d'individus qui troublaient la tranquillité du Parti ; maintenant qu'ils sont morts, la Révolution va triompher définitivement. Si le camarade Soltz en doute...

Soltz. — Vous répétez mes paroles presque textuellement.

Trotsky. — Tant mieux. Si nous nous sommes mis d'accord

là-dessus, camarade Soltz, cela nous aidera beaucoup à connaître d'après quel chapitre vous vous disposez à inaugurer l'écrasement de l'Opposition. Une chose est sûre, c'est que si l'on ne se met pas à redresser comme il faut la·ligne de classe du Parti, on devra, à l'intérieur du Parti, suivre la ligne indiquée par Oustrialov, c'est-à-dire la lutte implacable contre l'Opposition.

Je vais vous donner lecture de ce que disait Brival, un des jacobins de droite, un des thermidoriens, dans le rapport qu'il fit de ce qui s'était passé à la séance de la Convention où Robespierre et d'autres jacobins avaient été livrés au Tribunal révolutionnaire. « Les intrigants, les contre-révolutionnaires qui se couvraient de la toge du patriotisme ont voulu perdre la liberté, la Convention a décidé de les mettre en état d'arrestation ; ces représentants, ce sont Robespierre, Couthon, Saint-Just, Lebas, Robespierre jeune. — Quelle a donc été votre opinion? » me demanda le président. J'ai répondu : « Celui qui a toujours voté en s'inspirant des principes des Heures à l'Assemblée Constituante comme à la Convention, a voté l'arrestation ; j'ai même fait davantage, étant un de ceux qui ont proposé cette mesure ; d'autre part, comme secrétaire, je me suis empressé de signer et d'envoyer ce décret à la Convention. » Voilà ce que disait un Soltz ou un Jansson d'alors. Les contre-révolutionnaires, ce sont Robespierre et ses adeptes. « Celui qui a toujours voté en s'inspirant des principes des Heures, cela signifiait dans le langage de l'époque : « Celui qui a toujours été un bolchévik. » Brival se considérait comme un vieux bolchévik. De même aujourd'hui il y a des secrétaires qui s'empressent de « signer et d'envoyer ».

Écoutez d'autre part le manifeste de la Convention à la France, à la patrie, au peuple, après que Robespierre, Saint-Just et leurs compagnons eurent été anéantis : « Citoyens, au milieu des brillantes victoires remportées sur les ennemis extérieurs, un nouveau péril menace la République... L'œuvre de la Convention demeurera stérile, la vaillance de l'armée perdra tout son sens si les citoyens hésitent à choisir entre la *patrie et quelques individus isolés*. Obéissez à la voix de la patrie, ne vous mettez pas dans les rangs des aristocrates malfaisants et des ennemis du peuple, et de nouveau vous sauverez la patrie ! »

Ils considéraient que sur la voie qui menait au triomphe de la Révolution se dressaient les intérêts de « quelques individus isolés » ; ils ne comprenaient pas que ces « individus isolés » reflétaient en eux la force révolutionnaire élémentaire des couches sociales d'en bas à cette époque. Ces « quelques individus » reflétaient en eux cette force révolutionnaire spontanée qui s'opposait à la « néo-Nep » et au bonapartisme. Les thermidoriens croyaient qu'il s'agissait d'un changement de personnes, sans se rendre compte qu'il s'agissait d'un déplacement de classe. « Écoutez la voix de la patrie, ne vous mettez pas dans les rangs des aristocrates malfaisants ! » Les aristocrates, ce sont les amis de Robespierre. N'avons-nous pas entendu aujourd'hui, de la bouche de Jansson, cette même épithète : « aristocrate », lancée à mon adresse ?

Je pourrais vous citer des articles où les jacobins révolutionnaires sont représentés comme des agents de Pitt, le Chamberlain d'alors. En vérité, l'analogie est frappante ! Chamberlain est le Pitt d'aujourd'hui, grandeur de poche. Prenez l'histoire d'Aulard. « Les ennemis ne se contentèrent pas d'avoir tué Robespierre et ses amis : ils les calomnièrent, en les représentant aux yeux de la France comme des *royalistes et des gens vendus à l'étranger.* » Je cite textuellement. Or, l'article de la *Pravda* : « La route de l'Opposition », ne pousse-t-il pas dans cette voie ? Celui qui a lu le dernier article de tête de la *Pravda* doit sentir l'odeur qui s'en dégage. Cette odeur de « deuxième chapitre » frappe l'odorat. L'odeur du deuxième chapitre, c'est « l'oustrialovchina » qui s'infiltre déjà par l'institution officielle de notre Parti et désarme l'avant-garde du prolétariat, tandis que le régime du Parti oppresse tous ceux qui luttent contre Thermidor. Le simple membre du Parti étouffe. L'ouvrier du rang se tait.

Vous voulez une nouvelle « épuration » du Parti pour imposer silence. Voilà le régime qui règne dans le Parti. Rappelez-vous l'histoire des clubs jacobins. Il y eut deux chapitres dans l'épuration. Lorsque la vague monta, on se débarrassa des modérés ; lorsque la courbe commença à descendre, on se mit en demeure de se débarrasser des jacobins révolutionnaires. Où cela mena-t-il les clubs jacobins ? A un régime anonyme de terreur, sous lequel on était contraint de se taire, de voter à une unanimité à cent pour cent de s'abstenir de toute critique, de penser selon les prescriptions d'en haut, en même temps qu'on cessait de comprendre que le parti est un organisme vivant, indépendant, et non un appareil du pouvoir se suffisant à lui-même. La Commission Centrale de Contrôle d'alors — il y avait aussi des institutions qui remplissaient vos fonctions — parcourut deux chapitres avec toute la Révolution. Dans le deuxième chapitre, elle déshabitua les membres du Parti à réfléchir, en même temps qu'elle les obligeait à accepter comme un credo tout ce qui venait d'en haut. Et les clubs jacobins, foyers de la Révolution, devinrent les pépinières des futurs fonctionnaires de Napoléon. Il est certes nécessaire de s'instruire des enseignements de la Révolution française. Mais est-il donc besoin de la répéter ? (*Interruptions*)

Nous ne disons pas cela par boutade fractionnelle. Nul n'entend risquer pour des choses insignifiantes, pour des futilités, les grandes choses que nous risquons avec vous. J'ignore si ce sont les dernières déclarations que je fais sur ces questions devant cette assemblée. J'ignore à quelle allure vous allez exécuter le programme dont je vous ai parlé au début de mon discours. Mais cette heure et ces vingt minutes que vous m'avez accordées, j'ai voulu les utiliser, non pour réfuter les accusations mesquines et pitoyables que vous portez contre moi, mais pour bien situer les questions essentielles de nos désaccords·

Que faire pour éviter la scission ? Peut-on même l'éviter ? Si nous vivions dans les conditions d'avant la guerre impérialiste, d'avant la Révolution, dans les conditions d'une accumulation relativement lente des antagonismes, je crois que la scission serait infiniment plus probable que le maintien de l'unité. Il serait criminel de se tromper soi-même quant à la profondeur des divergences de vue. Mais aujourd'hui la situation est différente. Nos divergences de vue se sont singulièrement aggravées, les antagonismes ont énormément grandi. En cette toute dernière période, l'évolution de la Révolution chinoise a fait que nos désaccords se sont de nouveau considérablement accrus. Mais en même temps, nous avons, premièrement, une immense puissance révolutionnaire concentrée dans le Parti, une immense richesse d'expérience accumulée dans les travaux de Lénine, dans le programme et les traditions du Parti. Nous avons gaspillé une bonne partie de ce capital, nous en avons remplacé une grande partie par les produits à bon marché de la « nouvelle école » qui aujourd'hui règne souverainement dans la presse du Parti. Mais il nous reste encore beaucoup d'or pur. Deuxièmement, la période actuelle est une période historique de tournants brusques, d'événements gigantesques, de leçons colossales par lesquelles il est nécessaire et possible de s'instruire. Des événements grandioses se sont produits, qui permettent de vérifier les deux lignes politiques qui s'affrontent. Seulement, n'essayez pas de cacher ces événements. Tôt ou tard, on finira par les connaître. Il n'est pas possible de dissimuler les victoires et les défaites du prolétariat. Le Parti peut faciliter ou gêner la connaissance de ces leçons et leur assimilation. Vous la gênez. Voilà pourquoi, nous autres, sommes des optimistes. Nous luttons et nous lutterons pour la ligne politique de la Révolution d'Octobre. Nous sommes si profondément convaincus de la justesse de notre ligne que nous ne doutons pas qu'elle ne finisse par s'implanter dans la conscience de la majorité prolétarienne de notre Parti.

Quel est donc, dans ces conditions, le devoir de la Commission Centrale de Contrôle ? Je pense que ce devoir devrait consister à créer dans cette période de tournants brusques un régime plus sain et plus souple dans le Parti, afin de permettre aux événements gigantesques de vérifier sans secousses les lignes politiques qui s'affrontent. Il faut donner au Parti la possibilité de se livrer à une auto-critique idéologique en s'appuyant sur les grands événements. Si l'on s'y décide, je réponds qu'avant un an ou deux, le cours du Parti aura été redressé. Il ne faut pas aller vite, il ne faut pas prendre de décisions qu'il serait ensuite difficile de réparer. Prenez garde de ne pas être obligés de dire : Nous nous sommes séparés de ceux que nous aurions dû garder et nous avons gardé ceux dont nous aurions dû nous séparer. !

DEUXIÈME DISCOURS

Trotsky. — Je prends note avec satisfaction de la déclaration du camarade Ordjonikidzé, qu'à son avis comme au mien le bureaucratisme s'est accru au cours de cette dernière année. La question n'est pas simplement dans le nombre de fonctionnaires, elle est dans le régime, dans le cours politique, dans la manière des dirigeants d'aborder les dirigés. A une réunion confidentielle des militants d'un rayon, au cours de laquelle le secrétaire du Comité de rayon, Yakovlev, fit un exposé fractionnel contre l'Opposition, une ouvrière prit la parole et s'exprima à peu près dans ces termes : « Tout cela est juste, il faut avoir raison de l'Opposition, mais le mal est que, lorsqu'un individu bien vêtu vient au Comité de rayon, on l'accueille tout de suite, tandis qu'une ouvrière plus ordinaire, moins bien mise, doit attendre longtemps dans l'antichambre. » Ce sont les déclarations d'une ouvrière, membre du Comité de rayon. De tels propos se font de plus en plus fréquents. Ils signifient non seulement que le nombre des bureaucrates s'est accru, mais que les milieux dirigeants s'intègrent de plus en plus aux couches sociales supérieures de la société soviétique de l'après-Nep, qu'il se crée deux étages, deux formes de vie, deux genres d'habitudes, deux genres de rapports ou, pour tout dire, des éléments d'une *dualité dans les conditions d'existence* qui, si elle continue à se développer, peut devenir une dualité du pouvoir politique. Or, une dualité du pouvoir politique sera déjà une menace directe pour la dictature du prolétariat. Une couche sociale considérable de gens des villes appartenant aux milieux soviétiques et du Parti vivent, jusqu'à trois heures de l'après-midi, en fonctionnaires, après trois heures, en simples particuliers, ils critiquent le Comité Central du Parti, et le mercredi (1), après six heures, ils condamnent l'Opposition pour scepticisme.

Ce type de membre du Parti rappelle tout à fait le fonctionnaire tsariste qui, dans le privé, prêchait la théorie de Darwin mais qui, au besoin, présentait un certificat de communion.

Le camarade Ordjonikidzé nous propose de l'aider à lutter contre le bureaucratisme. Pourquoi donc alors enlevez-vous les oppositionnels à leurs fonctions ? J'affirme que l'écrasante majorité des oppositionnels sont relevés de leurs fonctions non point parce qu'ils exécutent mal leur travail ou n'observent pas les directives du Comité Central, mais en punition de leurs convictions oppositionnelles. Ils sont relevés pour délit de « trotskysme ».

Je voudrais au moins une fois, ne fût-ce que brièvement, parler du trotskysme, c'est-à-dire du mensonge qui figure sous ma biographie politique, surtout dans la bouche et sous la plume de Yaroslavsky, qui assiste à ces débats en qualité de juge, et de ses pareils. J'ai dit maintes fois, et tous les vieux membres du Parti le savent, que sur beaucoup de questions très importantes, il m'est arrivé de combattre Lénine et le Parti bolchévik. Mais je n'ai pas été menchévik.

---

(1) Jour de réunion des cellules communistes.

Si l'on conçoit le menchévisme comme une ligne de classe politique — et c'est seulement ainsi que l'on doit le concevoir — je n'ai jamais été un menchévik. J'ai rompu, sur le terrain d'organisation comme sur le terrain politique avec ce qui devait être plus tard le menchévisme, dès le milieu de 1904, c'est-à-dire dès le moment où il est devenu menchévisme, dès qu'il a commencé à former une tendance politique. J'ai rompu sur la question des rapports avec la bourgeoisie libérale, après l'article de Véra Zassoulitch et l'article d'Axelrod avec son plan de soutien des libéraux provinciaux, etc. Je n'ai jamais été d'accord avec le menchévisme sur le rôle des classes dans la Révolution. Et c'était la question capitale. Les Yaroslavsky trompent le Parti et l'Internationale sur les faits non seulement des dix dernières années, mais encore d'un passé plus lointain, lorsque je me trouvais en dehors des deux fractions essentielles de la Social-démocratie d'alors.

Le Congrès bolchévik de Mai 1905 adopta une résolution sur l'insurrection et le gouvernement provisoire. A ce sujet, le camarade Krassine déposa un long amendement, à vrai dire toute une résolution dont Lénine fit au Congrès les plus grands éloges. Cette résolution a été écrite tout entière par moi à Pétersbourg et publiée par Krassine — j'en ai la preuve dans une lettre que Krassine m'écrivit au cours d'une des séances du Congrès. La partie essentielle — consultez les procès-verbaux — de la principale résolution du premier Congrès du Parti bolchévik sur l'insurrection et le gouvernement provisoire, je l'ai écrite et j'en suis fier. Mes critiques ont-ils quelque chose de semblable à leur actif ?

En 1905, plusieurs manifestes publiés à Bakou dans une imprimerie bolchévik clandestine, ont été rédigés par moi, notamment un manifeste aux paysans au sujet du 3 Janvier, un autre au sujet de la législation agraire du gouvernement tsariste, etc. En 1906, au mois de Novembre, la *Novaïa Jizn*, dirigée par Lénine, s'est solidarisée avec mes articles, parus dans *Natchalo*, sur le caractère de notre résolution.

Ordjonikidzé. — Néanmoins vous étiez au *Natchalo* et non à la *Novaïa Jizn*.

Trotsky. — Mais vous semblez oublier que le Comité Central bolchévik, Lénine en tête, avait à ce moment voté, à l'unanimité, une résolution d'union des bolchéviks avec les menchéviks. D'ailleurs, quelques semaines après, le *Natchalo* fusionnait avec la *Novaïa Jizn* qui, à maintes reprises, fit de chaleureux éloges de mes articles. C'était la période des tendances d'unité. Vous oubliez de dire qu'au Soviet de 1905, j'ai travaillé coude à coude avec les bolchéviks. Vous oubliez de dire qu'en 1906, Lénine publia dans la *Novaïa Volna* ma brochure : *Notre tactique*, qui définissait nos rapports avec les paysans dans la Révolution. Vous oubliez de dire qu'au Congrès de Londres, en 1907, Lénine approuva ma position par rapport à la bourgeoisie et aux paysans. Je puis affirmer que jamais mes désaccords avec le bolchévisme n'ont dépassé ceux de Rosa Luxembourg et de Karl Liebknecht — sur les questions où ils furent en désaccord avec celui-ci. Que quelqu'un ose dire qu'ils étaient menchéviks.

A ce moment, je n'étais pas bolchévik. Mais je ne me suis jamais permis des fautes aussi phénoménales que le maintien du Comité anglo-russe ou la subordination du Parti communiste chinois au Kuomintang.

Krivov. — Et la plate-forme de Vienne ?

Trotsky. — Vous voulez parler du bloc d'Août 1912 ?

Krivov. — Oui.

Trotsky. — Ce fut le fruit du conciliationnisme. Je n'avais pas encore abandonné l'espoir d'une union possible des bolchéviks avec les menchéviks. Mais vous oubliez que vous-mêmes, Ordjonikidzé, Yaroslavsky et autres, faisiez partie, au début de 1917 — non pas en 1912, en 1917 ! — d'organisations communes avec les menchéviks. La conférence de Vienne fut une des multiples tentatives du conciliationnisme. Je ne pensais pas du tout faire bloc avec les menchéviks contre les bolchéviks. J'espérais encore en une réconciliation des bolchéviks avec les menchéviks et je m'efforçais de les unir. Comme toujours, Lénine n'accepta pas cette unité factice. Par suite de cette tentative conciliatrice, je me suis trouvé formellement dans le bloc menchévik. Mais j'ai commencé aussitôt, le lendemain même, à combattre les menchéviks, et au moment de la déclaration de guerre, nous étions déjà des ennemis irréductibles. Cependant, à la même époque, Staline n'était qu'un assez vulgaire conciliateur, même dans les moments les plus aigus. En 1911, Staline qualifia la lutte de Lénine et de Martov de « tempête dans un verre d'eau ». Voilà ce qu'écrivit un membre du parti bolchévik ! En 1917, Staline était pour l'union avec Tseretelli. En 1926, Staline est pour le bloc avec Purcell, Chang-Kaï-Chek, Wan-Tin-Wei. Mes fautes ne sont rien en comparaison de celles-ci. Mon activité de 1914 à 1917, c'est-à-dire pendant la guerre, se voit impitoyablement déformée, de la main légère d'un Koussinen — ce social-démocrate pur sang — par ceux-là surtout qui étaient alors patriotes ou kautskystes. Je rappelle que j'écrivis au début de la guerre une brochure : *La Guerre et l'Internationale*, au sujet de laquelle Zinoviev, qui n'était pas et ne pouvait être bien disposé à mon égard, écrivit que dans tout ce qu'il y a d'essentiel elle pose exactement les questions.

Chklovsky. — C'était en 1914 !

Trotsky. — C'est tout à fait juste, c'était en 1914. Cette brochure devint l'arme des éléments d'extrême-gauche en Allemagne, en Autriche, en Suisse. J'étais un internationaliste révolutionnaire bien que n'étant pas bolchévik. J'ai milité en France avec un groupe de camarades socialistes et syndicalistes, qui ont adhéré par la suite à l'Internationale Communiste, qui ont été au nombre de ses fondateurs. Je fus expulsé de France en tant qu'internationaliste révolutionnaire. A ce titre, je fus également expulsé d'Espagne. A New-York, j'ai milité au *Novy Mir* avec Volodarsky et Boukharine. En Février-Mars 1917, j'ai écrit des articles dans le *Novy Mir* dans le même sens que ceux, qu'au même moment, Lénine écrivait à Genève, alors que les articles de Staline dans la *Pravda* étaient ceux d'un semi-menchévik et d'un semi-jusqu'auboutiste. Au Canada, dans le camp de concentration d'Amherst, j'ai organisé les matelots allemands, partisans de Liebknecht, qui, par la suite, se sont battus aux côtés des spartakistes.

Ordjonikidzé. — Il vous reste quatre minutes, camarade Trotsky.

Trotsky. — Je n'ai pas encore abordé ma réponse à la question que vous m'avez posée sur le « crépuscule » de notre Révolution.

Ordjonikidzé. — Pourquoi vous êtes-vous arrêté si long-temps sur votre biographie ?

Trotsky. — Je pense qu'un prévenu a le droit de parler de sa biographie et que ce n'est pas au président à lui limiter, dans ce cas, son temps de parole. Au demeurant, ce n'est pas moi qui ai posé le premier la question de ma biographie. Cela ne m'était pas même venu à l'esprit. Il y a sans cela suffisamment de questions. Mais la fraction stalinienne a substitué à toutes les questions politiques la question de ma biographie. Et je réponds en opposant des faits irréfutables à des mensonges. Je demande au Présidium de m'accorder quinze minutes pour que je puisse répondre sur le sort ultérieur de notre Révolution.

Ordjonikidzé. — Finissez d'abord les quatre minutes qui vous restent et nous poserons ensuite la question de savoir si vous devez continuer.

Trotsky. — Ordjonikidzé m'a reproché l'analogie que j'ai faite avec la Révolution française ; il ne faudrait pas parler de prison, de guillotine, de perspective, de crépuscule, etc. C'est de la superstition : les mots n'y feront rien. Ce qui y fera, ce sont les faits, les actes, la fausse politique. Je dois dire cependant, que si cette question a été soulevée, ce n'est nullement sur mon initiative. Je me suis appuyé sur les paroles de Soltz. Elles m'ont fourni l'occasion de poser la question des diverses étapes de la Révolution, de ses vagues montantes et descendantes, du provisoire ou du définitif. Du *provisoire* ou du *défi-*

nitif — toute la question est là, camarade Ordjonikidzé. Avant de m'arrêter sur cette question, je dois dire que dans toutes les cellules on est en train de préparer les « déductions » ultérieures en suivant précisément cette ligne que vous, camarade Ordjonikidzé, écartez si facilement d'un geste bureaucratique : la ligne des amputations et de la répression. Je dis bien : si facilement, d'un geste bureaucratique, en fermant les yeux sur ce qui se passe dans le Parti et au-dessus du Parti. Dans toutes les cellules, des orateurs spécialement dressés posent la question de l'Opposition de telle façon qu'un ouvrier se lève, le plus souvent sur commande, et déclare : « Pourquoi traînez-vous tant avec eux, n'est-il pas grand temps de les fusiller ? » D'un air modeste et hypocrite, l'orateur d' « objecter » : « Camarades, il ne faut pas aller trop vite. » Cela fait maintenant partie de la vie ordinaire du Parti. La question est toujours posée à l'insu des oppositionnels, elle est accompagnée d'insinuations, d'allusions malpropres, de déformations grossières, malhonnêtes, essentiellement staliniennes, de la plate-forme de l'Opposition et de la biographie révolutionnaire des oppositionnels, qu'on représente comme des ennemis de la Révolution, comme des ennemis du Parti, tout cela pour provoquer chez les auditeurs trompés, chez les jeunes membres, entièrement neufs, dont vous remplissez artificiellement les rangs du Parti, une réaction furieuse, et pour pouvoir dire ensuite : « Voyez, nous serions prêts à patienter, mais les masses l'exigent ». C'est une stratégie bien stalinienne ; vous-même, êtes plus ou moins les organisateurs de cette campagne, et quand vous en subissez les effets, vous dites : « Le Parti l'exige, nous n'y pouvons rien... »

Le deuxième reproche que me fait le camarade Ordjonikidzé est un reproche politique d'un caractère plus général. Il prétend que ma comparaison avec la Révolution française trahit mon pessimisme. « Trotsky, mais il croit que la Révolution est perdue ! » Si je croyais la Révolution perdue, quel intérêt aurais-je à vous combattre ? Dans cet ordre d'idées, vous ne réussirez pas à faire se toucher les deux bouts. Si je ne croyais pas à l'édification du socialisme, comme vous le prétendez, pourquoi viendrais-je vous proposer de « piller le moujik » comme vous le prétendez encore — à moins que ce ne soit par hostilité personnelle envers lui ? Si je ne croyais pas à la Révolution, pourquoi donc combattrais-je ? Le mieux serait alors de suivre le courant. Comprenez donc cela, je vous en prie. Quelqu'un qui croit que, de toute façon, la Révolution est perdue, ne se lance pas dans la bataille. De nouveau, camarades, vous n'avez pas réussi à faire se toucher les deux bouts. La Révolution d'Octobre n'est pas perdue, et je ne l'ai pas dit, car je ne le pense pas. Mais j'ai dit que l'on *peut* perdre la Révolution d'Octobre, si l'on s'y met sérieusement — et dans ce sens, vous avez déjà fait quelque chose. Dans cette question, toute votre façon de raisonner, camarade Ordjonikidzé, n'est pas dialectique, mais mécanique : elle ignore la lutte des forces vives, la question du Parti, elle est empreinte d'un bout à l'autre de fatalisme. Vous différenciez l'optimisme et le pessimisme, comme s'il s'agissait de deux catégories fixes, indépendantes des conditions et de la politique ; selon vous, on peut être uniquement soit « optimiste », soit « pessimiste » : c'est-à-dire croire soit que la Révolution est complètement perdue, soit qu'elle ne périra pas, quelles que soient les conditions et quoi que nous fassions. Dans un sens comme dans l'autre, votre idée est fausse. La Révolution n'a-t-elle pas déjà traversé des hauts et des bas ? N'y eut-il pas un immense mouvement d'essor révolutionnaire dans la période de la Révolution d'Octobre, et n'avons-nous pas tenu à un cheveu au moment de Brest-Litovsk ? Rappelez-vous ce que disait Lénine quand il luttait contre les communistes de gauche, qu'il est bien difficile de conduire l'automobile en période de révolution, car on est constamment obligé de procéder à de brusques virages. Brest fut un recul. Venant après la révolte de Cronstadt, la *Nep* fut un recul. Or chaque vague de recul n'a-t-elle pas engendré, à son tour, des tendances opportunistes ? Et lorsque ces mouvements de recul et de décroissance de la Révolution se prolongent un an, deux ans, trois ans, il est évident que l'affaissement du moral de la masse comme du Parti n'en est que plus profond. Camarade Ordjonikidzé, vous êtes Caucasien, vous savez qu'un chemin qui mène au sommet de la montagne n'y conduit pas en ligne droite, mais en faisant des détours et des zigzags, et qu'on est souvent obligé, après une côte escarpée, de redescendre pendant deux ou trois verstes pour remonter ensuite, car le chemin conduit tout de même au sommet de la montagne. Obligé de redescendre quelque peu, je dois savoir que le chemin fait un coude et qu'il monte de nouveau. Si, au nom de mon « optimisme », je ne tiens pas compte, en général, de ces zigzags qui montent et descendent, il arrivera qu'à un des tournants ma carriole fera un saut dans le vide. Je dis que dans le moment présent votre chemin va à droite et descend. Le danger est que vous ne vous en apercevez pas, c'est-à-dire que vous fermez les yeux là-dessus. Il est dangereux de conduire en montagne les yeux fermés.

En automne 1923, nous avons eu un mouvement d'essor révolutionnaire grandiose, parallèle au mouvement d'essor de la Révolution allemande. Après la défaite de celle-ci, le reflux a également commencé chez nous. De ce reflux est issue la théorie stalinienne du socialisme dans un seul pays, théorie de dégénérescence, qui est en contradiction expresse avec les fondements du marxisme. En 1926, pendant la Révolution chinoise, il y eut un vigoureux mouvement d'essor qui coïncida avec l'amélioration de notre situation révolutionnaire. Puis un reflux plus sensible succéda à la défaite de la Révolution chinoise. Il faut prendre la courbe du mouvement historique dans toute son acception concrète. En 1923, nous essuyons plusieurs grandes défaites. Misérable poltron celui qui se laisse abattre. Mais aveugle benêt et simple bureaucrate, celui qui ne sait pas distinguer le pied droit du pied gauche, l'essor de la Révolution de la décroissance de celle-ci. Au cours d'une conversation que j'eus en Janvier 1924, après la défaite, avec

Brandler, il me déclara : « En automne 1923, je n'étais pas d'accord avec vous parce que vous étiez trop optimiste ; maintenant, vous êtes trop pessimiste ; de nouveau, je ne puis être d'accord avec vous. — Camarade Brandler, lui répondis-je, je crains que vous ne fassiez jamais un révolutionnaire, car vous ne savez pas distinguer la face de la Révolution de sa partie opposée. »

Le camarade Ordjonikidzé considère la victoire ou la défaite de la Révolution en dehors de tout rapport de dépendance avec la dialectique du processus, c'est-à-dire avec l'action réciproque de notre politique et des conditions objectives. Il pose la question ainsi : ou la victoire fatale de la Révolution, ou sa défaite fatale. Or, je dis que si nous nous mettons sérieusement, comme il faut, à nous tromper, nous pouvons perdre la Révolution. Mais prétendre que quoi que nous fassions — et par rapport au koulak, et par rapport au Comité anglo-russe, et par rapport à la Révolution chinoise — rien de tout cela n'est de nature à nuire à la Révolution qui, de « toute façon », doit vaincre, il n'y a que les bureaucrates indifférents qui puissent raisonner ainsi. Et ceux-ci sont parfaitement capables de perdre la Révolution.

Qu'est-ce qui différencie notre Révolution de la Révolution française ?

Premièrement, le fondement économique et de classe de l'époque. En France, ce fut la petite-bourgeoisie des villes qui joua le rôle dirigeant ; chez nous, le prolétariat. Ce n'est que grâce à cela que la révolution bourgeoise put chez nous se muer en révolution socialiste et, comme telle, se développer tout en se heurtant encore à de grandes difficultés et à de grands dangers. C'est là la première différence.

La deuxième est que la France était entourée de nations féodales plus arriérées qu'elle au point de vue économique et culturel. Nous autres, nous sommes entourés de pays capitalistes plus avancés que nous sous le rapport de la technique et de la production, avec un prolétariat plus fort et plus cultivé que le nôtre. Dans ces pays, on peut attendre la révolution dans un avenir relativement rapproché. C'est dire que la situation internationale de notre Révolution, malgré que l'impérialisme nous soit mortellement hostile, est d'un large point de vue historique, infiniment plus favorable qu'elle ne l'était en France à la fin du xviiie siècle.

Enfin, la troisième différence est que nous vivons à l'époque de l'impérialisme, époque d'immenses bouleversements internes et internationaux ; c'est cela qui crée cette grande courbe révolutionnaire montante sur laquelle s'appuie notre politique. Mais il ne faut pas croire que cette « courbe » nous fera franchir toutes les difficultés, quelles que soient les conditions. Car ce serait une erreur. Celui qui croit que nous pouvons édifier le socialisme, même si le capitalisme venait à écraser le prolétariat pour quelques dizaines d'années, ne comprend rien. Ce n'est pas de l'« optimisme », mais du béotisme national-réformiste. Nous ne pouvons vaincre qu'en tant que partie intégrante de la révolution mondiale. Il nous faut durer jusqu'à la révolution internationale, même si elle devait être encore écartée pour plusieurs années. Sous ce rapport, l'orientation de notre politique a une importance décisive. Si nous avons un cours révolutionnaire juste, nous nous consoliderons pour plusieurs années, nous consoliderons l'Internationale Communiste, nous avancerons dans la voie socialiste et nous arriverons à cela que la révolution mondiale nous prendra à la remorque grandiose de l'Histoire.

Le cours du Parti constitue le principal danger. Il étouffe la résistance révolutionnaire. En quoi consiste votre cours de droite ? A miser sur le paysan aisé, et non sur l'ouvrier agricole et le paysan pauvre. Vous vous orientez sur le bureaucrate, sur le fonctionnaire, et non sur la masse. Vous mettez beaucoup trop de confiance dans l'appareil. L'appui mutuel, l'assurance réciproque s'y pratiquent sur une vaste échelle, et c'est la raison pour laquelle Ordjonikidzé ne peut même pas arriver à réduire le personnel. Le fait d'être indépendant de la masse engendre parmi les membres de l'appareil un système de protection mutuelle. Et c'est cet appareil qui est considéré comme le principal point d'appui du pouvoir. Dans le Parti, on mise sur le secrétaire de cellule, et non sur le simple membre du Parti. Vous misez sur Purcell et non sur le prolétaire du rang — non pas sur le mineur révolutionnaire — sur Purcell. En Chine vous vous orientez sur Chang-Kaï-Theck, sur Wan-Tin-Weï, et non sur le prolétariat de Shangaï, sur le coolie qui traîne lui-même ses canons, ni sur le paysan insurgé.

Vous posez la question de notre exclusion du Comité Central. Certes, chacun de nous travaillera n'importe où en simple membre du Parti. Mais cela ne saurait résoudre la question. Vous devrez aller plus loin dans la voie des déductions. La vie vous y obligera. Il serait préférable de s'arrêter auparavant, et de modifier le cours politique.

L'OPPOSITION
LE DANGER DE GUERRE
ET LES PROBLÈMES DE LA DÉFENSE

(DISCOURS PRONONCÉ A L'ASSEMBLÉE PLÉNIÈRE DU COMITÉ CENTRAL ET DE LA COMMISSION CENTRALE DE CONTROLE, 1er AOUT 1927.)

Le Présidium de la Commission Centrale de Contrôle qui examina en Juin 1927 la question de l'exclusion de Trotsky et de Zinoviev du Comité Central du Parti, n'adopta aucune décision à ce sujet. La question n'avait pas encore été suffisamment « préparée ». L'art principal de la stratégie stalinienne consiste à savoir doser prudemment les coups portés au Parti. L'Opposition continua d'être traquée sans répit au cours de Juin-Juillet. La question de l'élimination des Oppositionnels des institutions supérieures du Parti fut remise à l'Assemblée plénière du Comité Central et de la Commission Centrale de Contrôle qui siégea fin Juillet-début d'Août. Lors de ce Plenum, le problème du danger de guerre fut volontairement mêlé à celui de l'Opposition pour empreindre la lutte ultérieure du caractère le plus envenimé. Pourtant le Plenum lui-même ne se décida pas encore à exclure Trotsky et Zinoviev du Comité Central. La fraction stalinienne avait besoin de gagner quelques semaines pour mener l'agitation contre l'Opposition en la présentant comme l' « alliée » de Chamberlain.

Nous publions plus bas le discours prononcé par l'auteur de ce livre, le 1er Août 1927, sur le danger de guerre et les problèmes de la défense.

★

Trotsky. — Vous m'avez accordé 45 minutes. Je parlerai en me résumant rigoureusement, étant donné l'étendue du domaine que nous examinons en ce moment. Vos thèses affirment que l'Opposition aurait une certaine façon trotskyste d'aborder les questions de la guerre et du « défaitisme ». Voici une invention de plus ! L'article 13 de vos thèses est entièrement consacré à cette absurdité. En ce qui concerne l'ensemble de l'Opposition, elle n'est nullement responsable des divergences de vues tout à fait secondaires que j'eus sur ce point dans le passé avec Lénine. En ce qui me concerne personnellement, je puis répondre ici à cette insinuation stupide. Alors que la guerre impérialiste durait encore, j'ai écrit au sujet de celle-ci et de la lutte à mener contre elle, des appels au prolétariat mondial au nom du premier Conseil des Commissaires du Peuple et du Comité Central du Parti. C'est par moi que furent écrites la partie du programme de notre Parti qui a trait à la guerre, la résolution principale sur le même sujet du VIIIe Congrès du Parti, les résolutions de toute une série de Congrès des Soviets, le manifeste du Ier Congrès de l'Internationale Communiste consacré en grande partie au même problème, et le manifeste-programme du IIe Congrès de l'Internationale Communiste réservant une grande place à la guerre, à ses conséquences et à ses perspectives. C'est moi qui écrivis les thèses du IIIe Congrès de l'Internationale Communiste sur la situation internationale et les perspectives de la révolution et de la guerre. Je fus chargé par le Comité Central du Parti de présenter au IVe Congrès un rapport sur les perspectives de la révolution internationale et de la guerre. Au Ve Congrès de l'Internationale Communiste (1924) j'écrivis un manifeste à l'occasion du dixième anniversaire de la guerre impérialiste. Il n'y eut au Comité Central aucune divergence de vues au sujet de tous ces documents ; ils furent acceptés non seulement sans discussion, mais presque sans amendements. Je demande alors comment il se fait que la « déviation » dont je suis accusé ne se soit jamais fait sentir dans le travail assez intensif que j'ai accompli à l'Internationale Communiste ? Mais voilà, il se trouve que lorsque j'ai repoussé en 1926 « le défaitisme économique », mot d'ordre stupide et ignare destiné par Molotov aux ouvriers anglais, j'aurais rompu avec le léninisme. Pourquoi alors, après ma critique, Molotov a-t-il mis son absurde mot d'ordre en poche ?

Molotov. — Il n'y a eu aucun mot d'ordre.

Trotsky. — C'est bien ce que je dis : il y a eu des sottises et non pas un mot d'ordre. C'est précisément ce que je dis. *(Rires.)* Pourquoi a-t-il fallu exagérer à l'extrême d'anciennes divergences, d'ailleurs liquidées depuis longtemps ? Pourquoi ? Pour dissimuler et camoufler les divergences réelles, véritables, d'aujourd'hui. Peut-on poser sérieusement la question de la lutte révolutionnaire contre la guerre et de la véritable défense de l'U. R. S. S. en se guidant en même temps sur le Comité Anglo-Russe ? Peut-on diriger les masses ouvrières vers la grève générale et l'insurrection au cours de la guerre et simultanément vers le bloc avec les Purcell, les Hicks et autres traîtres ? Je le demande : *notre esprit de défense sera-t-il bolchévik ou trade-unioniste ?* Voilà comment la question se pose !

Je rappelerai tout d'abord ce que les chefs actuels ont enseigné sur ce point au prolétariat de Moscou au cours de toute l'année passée. C'est là le point essentiel. Je lis textuellement les directives du Comité de Moscou : « *Le Comité Anglo-Russe peut, doit et jouera sans aucun doute un rôle énorme dans la lutte contre les interventions de toute sorte dirigées contre l'U. R. S. S. Il (le Comité Anglo-Russe) deviendra le centre organisant les forces internationales du prolétariat en lutte contre toutes les tentatives de la bourgeoisie internationale de provoquer une nouvelle guerre* » Molotov a dit ici : « Par l'intermédiaire du Comité Anglo-Russe nous désagrégions Amsterdam. » Il n'a donc rien compris, même maintenant. Vous avez désagrégé les ouvriers de Moscou comme ceux du monde entier en les trompant sur le point de savoir qui était leur ami et qui était leur ennemi.

Skrypnik. — Quel ton !

Trotsky. — Le ton correspond à l'importance de la question. Vous avez rendu de la cohésion à Amsterdam tout en vous affaiblissant vous-mêmes. Le Conseil général est maintenant plus unanime que jamais — contre nous !

Il faut pourtant dire que les directives scandaleuses du Comité de Moscou que je viens de lire, expriment beaucoup plus complètement, plus clairement et plus honnêtement que les trucs scolastiques de Boukharine le véritable point de vue de ceux qui étaient pour le maintien du Comité Anglo-Russe.

Le Comité de Moscou enseignait aux ouvriers de cette ville, et le Bureau Politique à ceux de l'Union Soviétique, qu'en cas de danger de guerre, notre classe ouvrière pourrait s'accrocher à la corde du Comité Anglo-Russe. C'est ainsi que la question se posait au point de vue politique. Mais cette corde se trouva être une corde pourrie. Le numéro de la *Pravda*, de Samedi, parle d'un « front unique de traîtres » du Conseil Général. Arthur Cook, lui-même, le benjamin chéri de Tomsky, se tait. « Silence tout à fait incompréhensible ! » s'exclame la *Pravda*. C'est là votre refrain éternel : « Tout à fait incompréhensible ! » Vous avez commencé par miser sur le groupe Chang-Kaï-Check, c'est-à-dire Purcell et Hicks, et vous avez ensuite mis vos espoirs dans le « fidèle Wan-Tin-Weï », autrement dit Arthur Cook. Mais Cook a trahi, comme Wan-Tin-Weï avait trahi deux jours après que Boukharine l'eut enregistré parmi les fidèles. Vous avez livré le mouvement de la minorité pieds et poings liés à ces messieurs du Conseil Général : vous ne savez pas et vous ne voulez pas opposer dans ce mouvement les vrais révolutionnaires aux réformistes qui s'y collent. Vous avez repoussé un cordage mince, mais solide, pour en prendre un plus gros mais entièrement pourri. Quand on passe sur une passerelle étroite, peu sûre, un point d'appui restreint, mais certain, peut offrir le salut. Mais malheur si l'on s'accroche à une planche vermoulue qui cède sous le pied : la chute est alors inévitable. Votre politique actuelle dans tout le domaine international est celle des planches pourries. Vous vous êtes successivement accrochés à Chang-Kaï-Check, à Feng-You-Siang, à Ten-Chan-Tchi, à Wan-Tin-Weï, à Purcell, à Hicks, et à Cook. Chacune de ces planches s'est rompue au moment précis où elle était le plus nécessaire. Et chaque fois vous avez commencé par dire : « C'est tout à fait incompréhensible », comme le fait l'article de fond de la *Pravda* au sujet de Cook pour ajouter le lendemain : « Nous l'avions toujours prévu. »

COMMENT LES CHOSES SE PASSÈRENT-ELLES EN CHINE ?

Examinons dans son ensemble toute la ligne de conduite suivie dans la tactique ou plutôt dans la stratégie en Chine. Le Kuomintang est le Parti de la bourgeoisie libérale pendant la Révolution, de la bourgeoisie libérale qui entraîne derrière soi les ouvriers et les paysans, puis les trahit.

Conformément à vos directives, le Parti Communiste reste dans le Kuomintang malgré toutes les trahisons et il se soumet à la discipline bourgeoise de celui-ci.

L'ensemble du Kuomintang entre dans l'Internationale Communiste et *ne se soumet pas* à la discipline de cette dernière : il ne fait que profiter de son nom et de son autorité pour tromper les ouvriers et les paysans chinois.

Le Kuomintang couvre les généraux agrariens qui tiennent en leurs mains les soldats-paysans.

A la fin d'Octobre dernier, Moscou exigea que la révolution agraire ne s'étende pas, pour ne pas effrayer les propriétaires fonciers commandant l'armée. Celle-ci devint de ce fait une société d'assurance mutuelle des hobereaux, petits et grands.

Les seigneurs n'ont aucune objection au fait de qualifier leur campagne militaire de nationale et révolutionnaire, pourvu que le pouvoir et la terre restent entre leurs mains. Le prolétariat qui constitue une force révolutionnaire jeune, puissante, nullement inférieure à celle de notre prolétariat en 1905, est chassé jusqu'à ce qu'il se mette aux ordres du Kuomintang.

Moscou donne le conseil suivant aux libéraux chinois : « Promulguez une loi sur l'organisation d'un *minimum* de milices ouvrières. » Et cela se passe en Mars 1927 ! Pourquoi donne-t-on aux sphères supérieures ce conseil : « Donnez un minimum d'armement » et non pas ce mot d'ordre à la base : « Armez-vous au maximum. » Pourquoi un minimum et non pas un maximum ? Pour ne pas « effrayer » la bourgeoisie, pour ne pas provoquer la guerre civile. Mais celle-ci est venue inévitablement : elle s'est trouvée être infiniment plus cruelle ; elle a surpris les ouvriers sans armes et les a noyés dans le sang.

Moscou est intervenu contre la création de Soviets « à l'arrière de l'armée » (comme si la Révolution était l'arrière), pour ne pas désorganiser l'arrière de ces mêmes généraux qui, deux jours après, massacraient les ouvriers et les paysans.

Avons-nous renforcé la bourgeoisie et les propriétaires fonciers, en forçant les communistes à se soumettre au Kuomintang et en couvrant celui-ci de l'autorité de l'Internationale Communiste ? Oui, nous les avons renforcés.

Avons-nous affaibli les paysans, en freinant le développement de la Révolution agraire et des Soviets ? Oui, nous les avons affaiblis.

Avons-nous diminué les forces des ouvriers par le mot d'ordre, non, plutôt par le conseil respectueux, donné aux sphères supérieures bourgeoises : « minimum d'armement » et « pas de Soviets ! » Oui, nous les avons diminuées. Est-il étonnant que nous ayons subi une défaite après avoir fait tout ce qui était possible pour rendre la victoire plus difficile ?

Vorochilov a donné l'explication la plus juste, la plus consciencieuse et la plus franche de toute cette politique : « La Révolution paysanne, dit-il, aurait pu entraver la marche des généraux vers le Nord ». Vous avez freiné la Révolution dans l'intérêt d'une campagne militaire. C'est justement ainsi que Chang-Kaï-Check envisageait lui aussi les choses. L'expansion de la Révolution, voyez-vous, aurait pu rendre plus difficultueuse la campagne du général « national ». Mais la Révolution elle-même est une véritable marche des opprimés contre les oppresseurs. Pour aider l'expédition du général, vous avez ralenti la Révolution, et porté le désordre dans son sein. Par là même, la campagne des généraux s'est retournée non seulement contre les ouvriers et les paysans, mais aussi (et justement pour cette raison) contre la Révolution nationale.

Si nous avions assuré en temps voulu une autonomie complète au Parti Communiste, si nous l'avions aidé à s'armer de sa presse et d'une tactique juste, si nous lui avions donné comme mots d'ordre : « armement maximum des ouvriers », « expansion de la guerre paysanne à la campagne », le Parti Communiste aurait grandi non pas chaque jour, mais chaque heure ; ses cadres se seraient trempés dans la flamme de la lutte révolutionnaire. Il fallait lancer le mot d'ordre des

Soviets dès les premiers jours du mouvement de masse. I'
aurait fallu, partout où la moindre possibilité s'en présentait,
passer à l'instauration effective des Soviets. Il fallait entraîner
les soldats dans ceux-ci. La Révolution agraire aurait apporté
le désordre dans les armées pseudo-révolutionnaires, mais
elle aurait en même temps contaminé les troupes contre-
révolutionnaires de l'ennemi. Ce n'est que sur cette base,
Révolution agraire et Soviets, qu'il eût été possible de forger
graduellement une armée véritablement révolutionnaire, autrement dit une armée ouvrière et paysanne.

Camarades ! Nous avons entendu ici un discours de Vorochilov, parlant non pas comme Commissaire du Peuple à la
Guerre et à la Marine, mais en tant que membre du Bureau
Politique. Et je dis : « Ce discours est en lui-même une catastrophe. Il vaut une bataille perdue. »

(*Exclamations sur les bancs de l'Opposition :* « C'est juste ! »)

Trotsky. — Pendant le dernier Plenum du Comité Exe-
cutif de l'Internationale Communiste, qui s'est tenu en Mai,
lorsqu'après avoir enfin enregistré le passage de Chang-Kaï-
Check dans le camp de la réaction, vous misiez sur Wan-Tin-Weï
et ensuite sur Ten-Chan-Tchi, j'écrivis une lettre au Comité
Exécutif de l'Internationale Communiste. Cela se passait le
28 Mai : « La faillite de cette politique est absolument inévitable. » Qu'est-ce que je proposais ? Je lis textuellement ce
que j'écrivais le 28 Mai : « Le Plénum aurait agi justement en
faisant une croix sur la résolution Boukharine et en y substi-
tuant une autre conçue en quelques lignes : 1º Les paysans et
les ouvriers n'ont pas à avoir confiance dans les chefs du Kuomintang de gauche, mais à instaurer leurs Soviets en s'unissant
aux soldats ; 2º les Soviets doivent armer les ouvriers et les
paysans avancés ; 3º le Parti Communiste doit assurer son
autonomie complète, créer sa presse quotidienne, diriger la
création des Soviets ; 4º les terres des propriétaires fonciers
doivent être confisquées immédiatement ; 5º la bureaucratie
réactionnaire doit être abolie sans délai ; 6º les généraux

traîtres et les contre-révolutionnaires en général doivent être châtiés sur place ; 7° il faut se diriger dans l'ensemble vers l'établissement d'une dictature révolutionnaire à travers les Conseils de députés ouvriers et paysans ». Et maintenant comparez : « Pas de guerre civile dans les villages, n'effrayons pas les compagnons de route », « n'irritons pas les généraux », « minimum d'armement aux ouvriers », etc. Et c'est cela du bolchévisme ! Et dire que notre attitude est qualifiée par les thèses du Bureau Politique... de menchévique ! Après avoir retourné votre position sens dessus-dessous, vous vous êtes fermement décidés à appeler noir ce qui est blanc. Seulement, il y a pour vous un malheur : le menchévisme international, de Berlin à New-York, approuve la politique chinoise Staline-Boukharine et, en pleine connaissance de cause, se solidarise avec votre ligne de conduite politique dans la question chinoise.

Comprenez bien : il ne s'agit nullement de trahisons individuelles de militants chinois du Kuomintang, de condottières chinois de droite ou de gauche, de fonctionnaires syndicaux anglais, de communistes chinois ou anglais. Quand on voyage en chemin de fer il semble que ce soit le paysage qui se déplace. Tout le malheur consiste en ce que vous avez eu confiance en ceux qui n'auraient pas dû vous l'inspirez, que vous avez sous-estimé l'éducation révolutionnaire des masses, qui exige avant tout qu'on leur inocule la méfiance envers les réformistes et les vagues centristes de « gauche », ainsi qu'envers tout esprit du juste milieu en général. La vertu cardinale du bolchévisme est de posséder cette méfiance à un degré suprême. Les Partis jeunes doivent encore, pour le moment, l'aquérir et se l'assimiler. Tandis que vous, vous avez agi et agissez dans un sens diamétralement opposé. Vous inoculez aux jeunes Partis l'espoir que la bourgeoisie libérale évoluera plus à gauche, et la confiance dans les politiciens libéraux ouvriers des trade-unions. Vous entravez l'éducation des bolchéviks anglais et chinois. Voilà d'où viennent ces « trahisons », qui chaque fois vous prennent à l'improviste.

SUR LE « CENTRISME » ET LA POLITIQUE DES PLANCHES POURRIES

L'Opposition vous avait avertis que, sous votre direction, le Parti Communiste chinois irait inévitablement vers une politique menchévique ; cela valut aux oppositionnels les pires insultes. Maintenant, nous vous avertissons avec certitude que le Parti Communiste anglais, sous l'influence de la politique que vous lui imposez, s'empoisonne fatalement par le centrisme et le collaborationnisme. Si vous ne changez pas radicalement de cours, les conséquences pour le Parti Communiste anglais ne seront pas meilleures qu'elles ne le furent pour le Parti chinois. Il en est d'ailleurs de même pour toute l'Internationale Communiste.

Il faut enfin comprendre que le centrisme Boukharine-Staline ne résiste pas à l'épreuve des événements. Les plus grands événements de l'histoire humaine sont la Révolution et la guerre. Nous avons mis à l'épreuve la politique centriste dans la Révolution chinoise. Celle-ci exigea que des conclusions bien parachevées soient déduites de directives empreintes d'un esprit de juste milieu. Le Parti Communiste chinois fut obligé de tirer ces conclusions. Voilà pourquoi il est venu — et il ne pouvait en être autrement — au menchévisme.

La faillite inouïe de votre direction en Chine exige que vous renonciez enfin à une politique qui vous oblige dans les circonstances les plus difficiles à vous raccrocher à des planches pourries.

La plus grande épreuve de l'histoire après la Révolution, c'est la guerre. Nous le disons d'avance : en présence des événements de la guerre, la politique stalinienne et boukharinienne, politique de zigzags, de restrictions mentales, d'équivoques, politique de centrisme, ne peut pas prévaloir. Cela se rapporte à toute la Direction de l'Internationale Communiste. A présent, l'unique examen que subissent les dirigeants des Partis Communistes frères, consiste en une réponse à la question : « Etes-vous prêts à voter nuit et jour contre le « trotskysme ? » La guerre les mettra en présence d'exigences comportant autrement plus de responsabilités. Pourtant la politique pratiquée envers le Kuomintang et le Comité Anglo-Russe a visiblement déplacé leur attention vers les sphères supérieures d'Amsterdam et de la social-démocratie. On aura beau ergoter : la ligne de conduite du Comité Anglo-Russe fut celle de l'espoir en la planche pourrie de la bureau-cratie d'Amsterdam, dont le Conseil Général des Trade-Unions constitue actuellement la partie la plus pourrie encore. En cas de guerre, vous vous heurterez à un « imprévu » après l'autre. Les planches pourries se briseront sous vos pieds. La guerre provoquera une différenciation brutale parmi les dirigeants actuels de l'Internationale Communiste. Une certaine partie d'entre eux adoptera l'attitude d'Amsterdam, repre-nant le mot d'ordre : « Nous voulons défendre sérieusement l'U. R. S. S., nous ne voulons pas être une poignée de fana-tiques. » L'autre partie des communistes européens (nous croyons fermement que ce sera la majorité), prendra la position de Lénine, celle de Liebknecht, celle que nous défendons. Il n'y aura plus de place pour l'attitude intermédiaire de Staline. Voilà pourquoi, permettez-moi de vous le dire en toute franchise, les bavardages sur la poignée d'oppositionnels, sur les généraux sans armée, etc., nous semblent simplement ridicules. Les bolchéviks ont déjà entendu cela plus d'une fois en 1914 et en 1917. Nous voyons trop clairement ce que sera demain et nous le préparons. Jamais encore autant que maintenant il n'y eut au sein de l'Opposition tant de certitude inébranlable en sa position ni tant d'unanimité.

Zinoviev, Kamenev. — C'est tout à fait juste ! (1).

Trotsky. — Au point de vue de la *politique intérieure*, le lent glissement du centrisme ne trouvera pas davantage de

---

(1) Ainsi qu'on le sait, Zinoviev et Kamenev ne résistèrent pas longtemps.

place en présence de la guerre. Toutes les discussions se condenseront, les contradictions entre les classes s'accentueront, présenteront leur côté tranchant. Il faudra alors donner des réponses claires et précises.

De quoi avons-nous besoin en temps de guerre : d' « *unité révolutionnaire* » ou d' « *union sacrée* » ? La bourgeoisie a inventé pour les périodes de guerre ou de danger de guerre, une situation politique spéciale qualifiée d' « armistice civil » ou d' « union sacrée ». Le sens de cette conception strictement bourgeoise consiste en ce que les divergences et les querelles de tous les partis bourgeois, y compris la Social-démocratie, ainsi que les discussions au sein des partis eux-mêmes, doivent soi-disant faire silence pendant la guerre, afin de mieux étourdir et tromper les masses. « L'Union sacrée » est la forme suprême du complot des dirigeants contre les dirigés. Inutile d'ajouter que si notre Parti n'a rien à dissimuler, au point de vue politique, à la classe ouvrière en temps de paix, il en est à plus forte raison de même en temps de guerre, quand la clarté et la pureté de la ligne de conduite politique, la profondeur de la liaison avec les masses, constituent une question de vie ou de mort. Voilà pourquoi, bien que notre Parti ait un caractère infiniment plus centralisé que n'importe quel parti bourgeois, nous nous sommes permis de discuter en toute âpreté en pleine guerre civile, et de trancher, au moyen de la démocratie au sein du Parti, toutes les questions fondamentales de la direction politique. Ce fut là une des dépenses indispensables, au moyen de laquelle le Parti élabora, renforça une ligne de conduite juste, et consolida son unité révolutionnaire. Il y a, ou pour parler plus exactement, il y eut jusqu'à hier des camarades qui pensaient qu'après la mort de Lénine, une direction absolument juste de notre Parti était à ce point assurée qu'elle n'avait plus besoin d'être contrôlée par le Parti. Nous croyons, au contraire, et maintenant plus que jamais, qu'au cours de toute l'histoire de notre Parti, la direction doit être modifiée et contrôlée. Nous avons besoin non pas d'une « union sacrée » hypocrite, mais d'une unité révolutionnaire honnête !

La politique centriste intermédiaire ne peut se maintenir en temps de guerre. Elle devra pencher soit à droite, soit à gauche, autrement dit soit vers la voie de Thermidor, soit vers celle de l'Opposition. *(Bruit.)*

Peut-on vaincre en cas de guerre en suivant la voie thermidorienne ? Si l'on examine les choses d'un point de vue général, une pareille victoire est possible. Il faudrait : 1º abolir le Monopole du commerce extérieur. Donner au koulak la possibilité d'exporter et d'importer deux fois plus. Lui permettre d'écraser sous son poids le paysan moyen. Obliger le paysan pauvre à comprendre qu'il ne lui reste pas d'autre issue que de passer au koulak. Relever et consolider l'importance de la bureaucratie et de l'administration. Repousser les revendica tions ouvrières en les présentant comme étant de l' « esprit corporatif ». Restreindre la part des ouvriers dans les Soviets au point de vue politique ; rétablir les décrets promulgués l'année dernière au sujet des élections et les étendre graduelle ment au profit des propriétaires. Telle serait la voie de Thermidor. Son vrai nom est le retour par étapes au capitalisme.

Il y aurait alors dans le commandement de l'armée, des koulaks parmi les gradés inférieurs et des intellectuels bourgeois dans les postes supérieurs. La victoire obtenue par cette voie signifierait que le glissement vers l'ornière bourgeoise s'accélérerait. Est-il possible d'obtenir la victoire en suivant la route révolutionnaire du prolétariat ? Oui. Il y a même plus. Toute l'ambiance mondiale affirme qu'en cas de guerre c'est justement en adoptant ce chemin que le succès est le plus assuré. Mais il faut pour cela en premier lieu en finir avec le crépuscule politique dans lequel tous les chats sont gris. Le koulak est à droite : c'est un ennemi. Les ouvriers agricoles, les paysans pauvres sont à gauche : ce sont des amis. Il faut aller, par l'intermédiaire du paysan pauvre, vers le paysan moyen. Il faut créer une ambiance politique dans laquelle la bourgeoisie et la bureaucratie ne pourraient plus pousser du coude les ouvriers, en leur disant : « Nous ne sommes plus en 1918 ! » Il faut que la classe ouvrière puisse se dire : « En 1927, non seulement j'ai plus à manger, mais au point de vue politique je suis plus maître de l'État qu'en 1918. » Ce n'est qu'au bout de cette route que la victoire non seulement est possible, mais qu'elle est le plus sûrement garantie, car c'est seulement en suivant ce chemin que nous aurons l'appui des masses populaires de Pologne, de Roumanie et de toute l'Europe.

Le succès peut-il être obtenu par le cours centriste de Staline, oscillant entre les deux camps, promettant de commencer par réchauffer le koulak, d'adopter son fils, de chérir son petit-fils, passant ensuite avec hésitation à la création de groupes de paysans pauvres, changeant chaque année les instructions électorales, c'est-à-dire la constitution soviétique, d'abord en faveur du koulak, ensuite contre lui, puis de nouveau pour lui, comme ce fut le cas dans le Caucase septentrional ? Le cours qui se guide sur Chang-Kaï-Check et Wan-Tin-Weï, sur Purcell et Cook, sur les traîtres du sommet, tout en déroutant les militants à la base ? Le cours qui dicta à notre Bureau Politique l'incroyable directive du 20 Octobre 1926 au sujet de la Chine, enjoignant de ne point introduire la guerre civile dans les campagnes chinoises pour ne pas repousser les « compagnons de route » — la bourgeoisie, les propriétaires fonciers et les généraux — ou l'autre directive demandant à la bourgeoisie libérale de donner un minimum (!!!) d'armement aux ouvriers. Ce cours irrite et refroidit les uns et ne conquiert pas les autres, il fait perdre « l'ami » Wan-Tin-Weï et déroute les communistes. Ce cours signifie que l'on s'accroche continuellement à des planches pourries.

En temps de paix, un pareil cours peut durer un temps indéfini. En cas de guerre ou de révolution, le centrisme doit donner brusquement de la bande vers la droite ou vers la gauche. Il se désagrège déjà en ailes droite et gauche qui, inévitablement, grandissent au détriment du centre. Inéluctablement ce processus s'accélèrera ; si la guerre nous était imposée, elle lui donnerait un caractère fiévreux. Le centre stalinien fondra fatalement. Dans ces circonstances, le Parti plus que jamais aurait besoin de l'Opposition pour redresser sa ligne de conduite, ne pas rompre en même temps son unité révolutionnaire, et ne pas éparpiller les cadres du Parti, son capital principal. En effet, la majorité des cadres prolétariens réellement bolchéviks est capable, en face d'une politique juste, suivant une ligne de conduite claire, en présence de circonstances extérieures impérieuses, de renouveler la politique et d'adopter en toute conscience, et non pas pour la forme, un cours ferme, réellement révolutionnaire. C'est simplement à cela que nous voulons arriver. Quant au mensonge sur le caractère conditionnel de notre esprit de défense, sur les deux partis, quant au mensonge plus infect encore sur l'insurrectionnalisme, nous le rejetons à la face des calomniateurs !

Une voix de l'Opposition. — C'est juste !

Trotsky. — Mais la critique que fait l'Opposition ne diminue-t-elle pas l'autorité de l'U. R. S. S. dans le mouvement ouvrier mondial ?

La façon même de poser la question n'est pas nôtre. C'est celle des gens d'Église, des prêtres, des dignitaires et des généraux quand ils posent la question de l'autorité. L'Église catholique exige des croyants que la sienne soit reconnue sans murmures. Le révolutionnaire soutient tout en critiquant ; moins son droit à la critique est contesté, plus il est dévoué pour lutter en faveur de ce à quoi il a participé directement en créant et en renforçant. La critique des erreurs de Staline peut évidemment faire baisser l'autorité stalinienne gonflée qui « n'admet pas de murmures ». Mais ce n'est pas là-dessus que se basent la Révolution et la République. Une critique franche, la vraie réparation des erreurs montreront au prolétariat mondial tout entier la force intérieure du régime qui, en face des circonstances les plus pénibles, porte en soi-même des garanties lui permettant de trouver la voie juste. Dans ce sens la critique de l'Opposition et les conséquences qu'elle entraîne déjà et qu'elle entraînera demain encore dans une bien plus large mesure, relèvent en dernière analyse l'autorité de la Révolution d'Octobre et la renforcent par la confiance, non pas aveugle, mais révolutionnaire, du prolétariat international ; elles augmentent par là même notre capacité de défense dans le domaine international.

Le projet de résolution présenté par le Bureau Politique dit : « La préparation de la guerre contre l'U. R. S. S. signifie simplement le renouvellement sur une base plus large de la lutte de classes entre la bourgeoisie impérialiste et le prolétariat triomphant. »

Est-ce juste ? Absolument. Il est même absurde de poser cette question. Mais la résolution ajoute : « Celui qui, comme l'Opposition le fait dans notre Parti, met en doute ce caractère de la guerre... » etc.

L'Opposition met-elle en doute ce sens général de classe de la guerre ? Absurdité ! Elle ne le met nullement en doute. Seuls ceux-là qui, après s'être embrouillés eux-mêmes, cherchent à embrouiller les autres, peuvent affirmer le contraire. Est-ce que cela signifie pourtant que le sens général de classe, qui pour nous tous est indiscutable, couvre toute erreur, tout glissement ? Non, cela ne le signifie pas. Non, tout n'est pas de la sorte à l'abri. Si l'on admet d'avance et une fois pour toutes que la direction considérée est l'unique concevable, qu'elle est la direction-née, alors toute critique d'une direction commettant des erreurs peut être présentée comme niant la défense de la patrie socialiste et faisant appel à l'insurrectionnalisme. Une semblable attitude est tout simplement la négation du Parti. Alors, d'après vous, le Parti ne serait bon que pour la défense et il faudrait lui montrer en dehors de lui-même comment exercer cette défense. Encore une fois, plus simplement et plus brièvement : Nous, Opposition, contestons-nous la défense de la patrie socialiste ? Nullement. Nous espérons non seulement la défendre, mais apprendre encore à le faire à certains autres. Mettons-nous en doute la capacité de Staline de fixer une ligne de conduite juste pour défendre la patrie socialiste ? Oui, nous la contestons et nous la contestons au plus haut point.

Dans un article récent de la *Pravda*, Staline pose la question suivante : « Est-ce que vraiment l'Opposition serait contre la victoire de l'U. R. S. S. dans les batailles futures contre l'impérialisme ? » Pardon, répétez un peu : « Est-ce que vraiment l'Opposition serait contre la victoire de l'U. R. S. S. dans les batailles futures contre l'impérialisme ? » Laissons de côté l'arrogance de la question. Nous ne reviendrons pas pour l'instant aux termes, rigoureusement pesés, par lesquels Lénine caractérisa les méthodes staliniennes : brutalité et déloyauté. Prenons la question telle qu'elle est posée et donnons-lui une réponse. Seuls des gardes-blancs peuvent être « contre la victoire de l'U. R. S. S. dans la guerre future contre l'impérialisme. » L'Opposition est pour le triomphe de l'U. R. S. S. ; elle l'a prouvé et elle le prouvera autant que d'autres par des actes. Mais pour Staline il ne s'agit pas de cela. Au fond il a en vue une autre question qu'il n'ose pas exprimer. C'est celle-ci : « Est-ce que vraiment l'Opposition pense que la direction de Staline n'est pas capable d'assurer la victoire de l'U. R. S. S. ? » Et bien oui, elle le pense.

Zinoviev. — C'est juste.

Trotsky. — L'Opposition pense que la direction de Staline rend la victoire plus difficile.

Molotov. — Et où est le Parti ?

Trotsky. — *Le Parti, vous l'avez étranglé*. L'Opposition pense que la direction de Staline rend la victoire plus difficile. Elle avait affirmé cela au sujet de la Révolution chinoise. Ses avertissements se sont vus confirmés d'une façon effroyable par les événements. Il faut changer de politique sans attendre qu'il se produise une confirmation aussi catastrophique à l'intérieur. Chaque oppositionnel réel — je ne parle pas des pseudo oppositionnels, — occupera en cas de guerre au front ou à l'arrière le poste que lui confiera le Parti et il remplira son devoir jusqu'au bout. Mais pas un seul oppositionnel ne renoncera à son droit et à son devoir, à la veille de la guerre ou pendant celle-ci, de lutter pour le redressement du cours du Parti (comme cela s'est toujours passé dans le Parti), car c'est en cela que consiste la condition la plus importante du succès. Je me résume : Pour la patrie socialiste ? Oui ! Pour le cours stalinien ? Non !

Deux mots au sujet de l'armée. Tous les facteurs de l'économie, de la politique, de la culture se combinent dans la défense du pays. Mais il y a un instrument spécial, immédiat, de la défense, c'est l'armée. Le rôle de celle-ci a un caractère décisif. Le domaine militaire est celui qui reflète le plus brutalement les aspects du régime, non seulement les aspects forts, mais les faibles aussi, tous les déplacements de la politique, toutes ses fautes et ses erreurs de calcul. Il est en même temps plus facile dans ce domaine que dans tout autre de se laisser tromper par les apparences, l'apparat, le bluff. Plus d'une fois déjà dans l'histoire le régime fut contrôlé à travers l'armée. Il vaut mieux ici exagérer dans le sens de la critique que dans celui d'une confiance béate. Certains militants de l'armée, sous l'impression d'une menace possible de guerre, ont échangé récemment leurs opinions sur l'état de nos forces armées. Chacun d'entre eux n'est pas moins dévoué à la cause de la République socialiste que n'importe lequel de ceux qui sont ici présents. Le résultat de leur discussion est exposé sous la forme d'un document contenant le programme des modifications nécessaires pour augmenter le niveau révolutionnaire et la capacité combattive de l'armée. Je remettrai un exemplaire de ce document au Bureau Politique du Comité Central par l'intermédiaire de Rykov.

EXCLUSION DE TROTSKY
DU COMITÉ CENTRAL
DU PARTI COMMUNISTE RUSSE

(DISCOURS PRONONCÉ A L'ASSEMBLÉE PLÉNIÈRE DU COMITÉ CENTRAL ET DE LA COMMISSION CENTRALE DE CONTROLE, 23 OCTOBRE 1927.)

Pendant les mois d'Août, Septembre et Octobre, la fraction stalinienne s'était employée à lutter contre l'Opposition en se basant sur les décisions du Plenum de Juillet-Août. En octobre arriva enfin le moment où la fraction dirigeante dut se décider à mettre son projet à exécution. Le Plenum d'Octobre avait pour tâche non seulement d'éliminer Trotsky et Zinoviev du Comité Central, mais de préparer aussi les conditions nécessaires permettant d'appliquer la politique de répression à une vaste échelle.

Le Plenum de Juillet-Août avait introduit dans les usages du Parti l'accusation que l'Opposition ne voulait pas défendre la République des Soviets contre les ennemis impérialistes. Dans la phase nouvelle, cette accusation malhonnête, bientôt usée, n'était déjà plus suffisante. Les dernières réserves idéologiques que Staline possédait furent étalées au grand jour. On lança dans la bataille l'histoire d'un certain complot militaire soi-disant conçu par l'Opposition et en liaison avec elle. Cette liaison consistait en ce qu'un spécialiste militaire parlant à d'autres spécialistes, qui comme lui n'étaient d'ailleurs pas des conjurés, mais auraient pu le devenir, prononça le nom de Trotsky ; il le fit non point dans le but de comploter, et sans aucune intention précise. Qu'importe ! on avait prononcé le nom de Trotsky, il y avait certains spécialistes militaires qui s'étaient trouvés ensemble ; d'une manière générale, évidemment, il aurait pu y avoir une conjuration militaire. Il faut ajouter que le spécialiste militaire qui cita Trotsky (comme des milliers d'autres prononçaient ce nom pour des raisons diverses) se trouvait à l'époque de la conversation « criminelle » en Mongolie, c'est-à-dire en un endroit assez peu propice à la direction d'un coup d'État s'effectuant à Moscou. Mais les agitateurs staliniens ont-ils pour devoir de spécifier la Mongolie et en général de s'occuper de géographie quand ils interviennent devant les cellules du Parti ? Quelques spécialistes furent arrêtés, sans la moindre raison, semble-t-il.

Menjinsky, président du Guépeou, présenta sur ce point un rapport au Plenum du Comité Central et de la Commission Centrale de Contrôle, lorsque la question de l'Opposition fut mise à l'ordre du jour. Même les partisans les plus obtus, les plus dépourvus de conscience, de la fraction stalinienne, entendirent ce rapport avec un sentiment d'anxiété et de honte. L'amalgame thermidorien apparaissait trop grossièrement au jour. Certains membres de la majorité exprimèrent dans les couloirs leur indignation. L'échec de la machination stalinienne fut si patent à ce Plenum, que tous les orateurs qui suivirent, à l'exception de Boukharine n'ayant pas tous ses sens, évitèrent — soit prudence, soit répugnance — de parler de cette question. Cela n'empêcha naturellement pas les agitateurs de Staline de continuer à empoisonner le Parti par des bruits concernant le complot contre-révolutionnaire.

L'exclusion de Trotsky et de Zinoviev à la veille du XVe Congrès ne fut que le préambule indispensable pour procéder à l'élimination de l'Opposition et à la déportation des oppositionnels actifs en Sibérie et en Asie Centrale. C'est ainsi que fut inaugurée une nouvelle étape du développement de la Révolution.

✶

Trotsky. — La proposition que j'ai faite de discuter séparément la question de l'officier wrangélien et celle du complot militaire, a été repoussée. Au fond, je posais la question de savoir pourquoi, par qui et comment le Parti fut trompé, quand on vint lui dire que des communistes, liés avec l'Opposition, faisaient partie d'une organisation contre-révolutionnaire. Pour démontrer une fois de plus comment vous concevez la discussion, vous avez décidé de supprimer dans le compte rendu sténographique, c'est-à-dire de cacher au Parti ma brève intervention au sujet du faux officier wrangélien. Boukharine nous a présenté ici la philosophie de l'amalgame thermidorien basé sur les documents de Menjinsky n'ayant rien à voir ni avec notre imprimerie, ni avec l'Opposition en général. Mais il nous faut des faits et non pas une philosophie à bon marché à la Boukharine. Il n'y a pas de faits. Voilà pourquoi toute cette question a été introduite dans la discussion grâce à un truc. La brutalité et la déloyauté ont grandi jusqu'à devenir de la perfidie criminelle. Tous les documents dont Menjinsky a donné connaissance, se dressent entièrement contre la politique appliquée actuellement : il suffit de les éclairer par l'analyse marxiste. Mais je n'ai pas le temps de le faire. Je n'ai plus qu'à poser la question fondamentale : comment et pourquoi la fraction qui est actuellement à la direction, a-t-elle été obligée de tromper le Parti en faisant passer un agent du *Guépeou* (1) pour un officier wrangélien, et d'extirper des fragments d'une enquête inachevée et gonflée à dessein pour terroriser le Parti, par un faux communiqué sur la participation des Oppositionnels à une organisation contre-révolutionnaire ? D'où cela vient-il ? Où cela conduit-il ? Il n'y a que cette question qui importe au point de vue politique. Tout le reste passe au second et au même au dixième plan.

Tout d'abord deux mots sur ce qu'on appelle le « trotskysme ». Par ce terme, tout opportuniste cherche à couvrir sa nudité. Pour fabriquer le « trotskysme » une usine de falsifications travaille à toute vapeur avec trois équipes de rechange. A ce propos, j'ai écrit récemment une lettre à l'Institut historique du Parti, lettre qui contient une cinquantaine de citations et de documents, et qui prend l'école historique et théorique qui sévit actuellement en flagrant délit de truquage, d'altération, de dissimulation des faits et des documents, de défiguration de la pensée de Lénine, le tout dans le but de combattre le soi-disant « trotskysme ». J'ai exigé que cette lettre fût envoyée aux membres du Plenum. Cela n'a pas été fait. Pourtant cette lettre ne contient presque uniquement que des documents et des citations. Je l'enverrai à la « Feuille de discussion ». Je pense que là aussi, on la dissimulera au Parti, car les faits et les documents que j'y produis sont trop accablants pour l'école stalinienne.

Dans notre déclaration de Juillet de l'année dernière, nous avions prédit avec une exactitude parfaite toutes les étapes par lesquelles passerait la démolition de la direction léniniste du Parti et son remplacement par celle de Staline. Je parle d'une substitution *temporaire*, car plus le groupe dirigeant remporte de « victoires », plus en réalité il faiblit. Nous pouvons maintenant compléter nos prévisions de Juillet de l'année

---

(1) On désigne sous ce terme, formé par le groupement de trois initiales, G. P. OU. (Direction Politique Générale), l'organe de la police d'Etat qui succéda en 1921 à la Tchéka (Commission Extraordinaire).

dernière par l'ultime conclusion que voici : le triomphe actue
de Staline au point de vue organisation, précède son écroule-
ment politique. Il est tout à fait inévitable, et conformément au
régime stalinien, il se produira *brusquement*. La tâche fondamentale de l'Opposition consiste à réduire au minimum le
dommage que les conséquences de la politique périlleuse de la
direction actuelle causeront au Parti et à la liaison de celui-ci
avec les masses.

Vous voulez nous exclure du Comité Central. Nous sommes
d'accord avec vous que cette mesure se déduit entièrement
du cours actuel, dans la phase qu'il vient d'atteindre de son
développement ou plutôt de sa faillite. La fraction dirigeante
qui exclut du Parti des centaines et des centaines des meilleurs
militants, des ouvriers bolchéviks inébranlables ; la clique de
l'appareil qui ose exclure des bolchéviks comme Mratchkovsky,
Serebriakov, Preobrajensky, c'est-à-dire des camarades qui
seuls pourraient créer un Secrétariat du Parti ayant plus
d'autorité et plus de préparation, plus léniniste que le Secrétariat actuel ; la fraction Staline-Boukharine qui enferme dans
la Prison Intérieure du Guépeou des militants admirables
comme Netchaiev, Stykhold, Vassiliev, Schmidt et tant
d'autres ; la fraction de l'Appareil qui subsiste en violentant le
Parti, en étouffant sa pensée, en désorganisant l'avant-garde
du prolétariat non seulement en U. R. S. S., mais dans le monde
entier ; la fraction toute pénétrée d'opportunisme, qui traînait
à sa suite au cours des dernières années et traîne encore les
Chang-Kaï-Check, les Feng-Yo-Siang, les Wan-Tin-Weï, les
Purcell, les Hicks, les Ben-Tillet, les Koussinen, les Smeral, les
Pepper, les Heinz-Neumann, les Rafès, les Martynov, les Kou-
dratiev et les Oustrialov, cette fraction ne peut pas nous tolérer
au Comité Central, même un mois avant le Congrès. Cela, nous
le comprenons.

La brutalité et la déloyauté marchent de pair avec la
couardise. Vous avez dissimulé notre plate-forme. Plus exactement vous avez tenté de la cacher. Que signifie cette peur de

notre plate-forme ? C'est clair. *Avoir peur de notre plate-forme, c'est craindre de se présenter devant les masses.*

Nous vous avions déclaré le 8 Septembre que, malgré toutes les interdictions, nous ferions connaître cette plate-forme au Parti. Nous l'avons fait. Nous accomplirons ce travail jusqu'au bout. Mratchkovsky et tous les autres camarades qui imprimèrent et partagèrent notre plate-forme, ont agi et agissent en parfaite solidarité avec nous, membres oppositionnels du Comité Central et de la Commission Centrale de Contrôle ; nous en sommes entièrement responsables, non seulement au point de vue politique, mais également de l'organisation.

La brutalité et la déloyauté que Lénine décrivait ne sont plus seulement les caractéristiques d'une personne ; ce sont celles de la fraction dirigeante, de sa politique, de son régime. Il ne s'agit pas seulement de procédés visibles de l'extérieur. Le trait caractéristique essentiel du cours actuel est la foi en la toute puissance de la violence, même envers son propre Parti. Grâce à la Révolution d'Octobre, notre Parti a reçu entre les mains un puissant appareil de cœrcition sans lequel la dictature du prolétariat ne peut se concevoir. Le centre de cette dictature est le Comité Central de notre Parti.

Pendant la vie de Lénine, tant qu'il y eut un Comité Central léniniste, l'Appareil d'organisation du Parti fut soumis à une politique révolutionnaire de classe pratiquée à l'échelle mondiale. Il est vrai que Staline, en qualité de Secrétaire général, fut l'objet des préoccupations de Lénine dès le début. « Ce cuisinier ne préparera que des plats épicés », disait-il dans un cercle d'intimes à l'époque du Xe Congrès. Mais sous la direction léniniste, en présence d'un Bureau Politique dont la composition était léniniste, le Secrétariat général exerça un rôle tout à fait subalterne. La situation commença à changer à partir de la maladie de Lénine. La sélection des hommes par le Secrétariat, le groupement des staliniens à travers l'Appareil prirent un caractère ayant une valeur propre, indépendant de la ligne de conduite politique. Voilà pourquoi Lénine, réfléchissant à l'éventualité de son abandon du travail, donna un dernier conseil au Parti : « Relevez Staline de son poste ; il peut conduire le Parti à la scission et à la mort. » Le Parti n'eut pas connaissance à temps de ce conseil. L'Appareil, dûment sélectionné, le dissimula. Les conséquences de cet état de choses se dressent maintenant devant nous dans toute leur étendue.

La fraction dirigeante croit que l'on peut arriver à tout par la violence. C'est une erreur radicale. La violence peut jouer un rôle révolutionnaire énorme. Mais à une condition : c'est qu'elle soit soumise à une politique de classe juste. La violence des bolchéviks contre la bourgeoisie, contre les menchéviks, contre les socialistes-révolutionnaires, donna, dans certaines conditions de l'histoire, des résultats immenses. Les violences de Kerensky et de Tséretelli contre les bolchéviks n'ont fait que hâter la défaite du régime de collaboration En excluant, en privant de travail, en emprisonnant, la fraction au pouvoir agit par la trique et par le rouble contre son propre Parti. Le militant ouvrier craint de dire dans sa propre cellule ce qu'il pense ; il a peur de voter selon sa conscience. La dictature de l'Appareil terrorise le Parti qui doit être l'expression suprême du prolétariat. En semant la peur dans le Parti, la fraction dirigeante diminue la capacité de celui-ci à maintenir dans la terreur ses ennemis de classe. Mais le régime du Parti ne vit pas que par lui-même. Il exprime toute la politique de la direction du Parti. Au cours des dernières années, cette politique a déplacé son axe de classe de gauche à droite : du prolétariat vers la petite bourgeoisie, de l'ouvrier vers le spécialiste, du militant du rang vers l'homme de l'appareil, de l'ouvrier agricole et du paysan pauvre vers le koulak, de l'ouvrier de Shanghaï vers Chang-Kaï-Check, du paysan chinois vers l'officier bourgeois, du prolétaire anglais vers Purcell, Hicks, et ceux du Conseil Général des Trade-Unions, ainsi de suite à l'infini. C'est en cela que consiste l'essence même du stalinisme.

A première vue, il semble que le cours stalinien soit complètement vainqueur. La fraction de Staline porte des coups à gauche (Moscou, Léningrad) et à droite (Caucase du Nord). En réalité, toute la politique de la fraction centriste s'accomplit sous les coups de deux fouets : droite et gauche. Privée d'une base de classe, la fraction bureaucratique centriste oscille entre deux lignes de classe, tout en glissant systématiquement de celle du prolétariat vers celle de la petite bourgeoisie. Ce glissement s'effectue non pas suivant une ligne droite, il prend la forme de zigzags brusques.

Nous en avons eu pas mal dans le passé. Le plus éclatant et le plus mémorable est l'extension donnée dans les instructions électorales par suite de la pression du koulak (fouet de droite). Ensuite l'abrogation de celles-ci grâce à la poussée de l'Opposition (fouet de gauche). Il y eut aussi pas mal de zigzags dans le domaine de la législation ouvrière, des salaires, de la politique des impôts, de l'attitude observée envers le commerçant privé, etc. En même temps le cours général se déplaçait vers la droite. Le manifeste publié à l'occasion du dixième anniversaire d'Octobre constitue certainement un zigzag vers la gauche. Mais pas un seul instant nous ne perdons de vue que ce n'est qu'un zigzag qui par lui-même, ne modifie pas la direction générale de la politique, et doit même (déjà dans un avenir très proche) hâter le glissement du centre directeur qui continuera à se déplacer vers la droite.

Les hauts cris poussés aujourd'hui au sujet de *l'offensive intense contre le koulak*, auquel hier encore on criait : « Enrichissez-vous », ne peuvent changer cette ligne de conduite, pas plus que ne la feront varier des surprises offertes à l'occasion de jubilés, dans le genre de la journée de travail de 7 heures. La ligne politique de la direction actuelle est déterminée, non pas par quelques zigzags d'aventuriers, mais par *l'appui social que cette ligne a rassemblé autour de soi dans la lutte contre l'Opposition.* Par l'intermédiaire de l'appareil stalinien, du régime de Staline, l'avant-garde du prolétariat subit la pression des bureaucrates qui se sont fortifiés (y compris les bureaucrates ouvriers), des administrateurs, des petits patrons, des nouveaux propriétaires, des intellectuels privilégiés des villes et des campagnes, de tous les éléments qui commencent à montrer le poing au prolétariat, en lui disant : « Nous ne sommes plus en 1918 ! »

Ce n'est pas le zigzag de gauche qui décide, c'est la ligne de conduite politique principale. C'est la sélection des amis d'idées, ce sont les cadres, c'est la base sociale. On ne peut en même temps étrangler les cellules ouvrières et faire pression sur le koulak. L'un est incompatible avec l'autre. Dès qu'on arrivera à la réalisation du zigzag de gauche promulgué à l'occasion de l'anniversaire, on se heurtera à une résistance des plus acharnées dans les rangs mêmes de la majorité.

Aujourd'hui : « Enrichissez-vous » et demain : « Dékoula-kisez-vous ! » Pour Boukharine, c'est chose facile. Un trait de plume, et c'est fait. Mais le koulak, mais l'administrateur, mais le bureaucrate endurci, mais l'oustrialoviste ont là-dessus une autre idée. Ils ne sont pas enclins à de tels coups de barre d'anniversaire, et ils diront leur mot.

Le camarade Tomsky, qui s'est empêtré plus que les autres, s'est élevé, comme l'on sait, contre le zigzag de l'anniversaire. Tomsky a le pressentiment que les ouvriers demanderont des comptes aux syndicats. C'est lui qui devra répondre. Demain, les ouvriers exigeront de Tomsky qu'il arrête en fait, tout au moins, le cours à droite appelé dans le manifeste cours à gauche, ce qui, dans le bloc dirigeant, rendra la lutte inévitable. Dans l'aile droite de notre Parti, il y a la ligne de l'administrateur et la ligne du syndicaliste. Ils font bloc, comme cela est arrivé plus d'une fois dans l'histoire du mouvement ouvrier international. Le zigzag gauche de l'anniversaire dressera une barrière entre l'administrateur et le syndicaliste. L'homme de l'appareil, qui balance entre les deux, perdra son point d'appui. Le zigzag de l'anniversaire est l'aveu le plus indéniable et le plus éclatant que l'Opposition a raison dans toutes les questions essentielles de la vie intérieure des villes et des campagnes. D'autre part il est le propre désaveu politique de la fraction dirigeante, son certificat d'indigence. Un désaveu *en paroles*, puisqu'elle est incapable de lui donner suite *pratiquement*. Le zigzag de l'anniversaire ne retardera pas, il accélérera le banqueroute politique du cours actuel.

Le régime du Parti découle de toute la politique de la direction. Derrière les extrémistes de l'Appareil, se tient la bourgeoisie intérieure qui renaît. Derrière elle, se tient la bourgeoisie mondiale. Toutes ces forces pèsent sur l'avant-garde prolétarienne, l'empêchent de lever la tête, d'ouvrir la bouche. Plus la politique du Comité Central s'écarte de la ligne de classe, plus elle est obligée d'imposer, d'en haut, cette politique à l'avant-garde prolétarienne, par des mesures de coercition. C'est là qu'est l'origine du révoltant régime qui règne dans le Parti. Lorsque Martynov, Smeral, Rafès et Pepper dirigent la Révolution chinoise et que Mratchkovsky, Sérébriakov, Préobrajensky, Charov et Sarkis sont exclus du Parti pour avoir imprimé et diffusé une plate-forme bolchévike destinée au Congrès, ces faits ne sont pas seulement d'ordre intérieur du Parti. Non, dans ces faits, la mouvante influence politique des classes trouve déjà son expression.

Il est certain que la bourgeoisie *intérieure* fait pression sur la dictature du prolétariat et sur son avant-garde prolétarienne, sans doute moins hardiment, moins ouvertement, moins astucieusement.que la bourgeoisie *mondiale*. Mais ces deux pressions vont de pair et s'exercent simultanément. Les éléments de la classe ouvrière et de notre Parti qui ont les premiers pressenti l'approche du danger, qui ont été, les premiers, à en parler, c'est-à-dire les représentants de la classe ouvrière les plus révolutionnaires, les plus stoïques, les plus perspicaces, les plus irréductibles, forment, aujourd'hui, les cadres de l'Opposition. Ces cadres se développent dans notre Parti comme sur le plan international.

Les événements les plus considérables et les faits nous donnent raison. La répression affermit nos cadres, rassemble

dans nos rangs les meilleurs des « vieux » du Parti, trempe
les jeunes en groupant autour de l'Opposition les véritables
bolchéviks de la nouvelle génération. Exclus du Parti, les
opposants constituent les *meilleurs hommes du Parti*. Ceux
qui les excluent et les arrêtent sont — sans s'en rendre compte
encore — l'instrument de pression des autres classes sur le
prolétariat. En essayant de piétiner notre plate-forme, la
fraction dirigeante exécute un ordre social donné par Oustrialov, c'est-à-dire par la petite et moyenne bourgeoisie qui
relève la tête. A l'encontre des politiques de la vieille bourgeoisie émigrée au déclin, Oustrialov, politique intelligent
et clairvoyant de la nouvelle bourgeoisie, n'aspire pas à la
Révolution, aux grandes secousses, il ne veut pas non plus
« sauter les étapes ». La marche oustrialoviste actuelle, c'est
le cours stalinien. Oustrialov mise ouvertement sur Staline.
Il exige de Staline le châtiment de l'Opposition. En excluant
et en arrêtant les opposants, en lançant contre nous une
accusation essentiellement thermidorienne au sujet de l'officier
de Wrangel et du complot militaire, Staline exécute l'ordre
social d'Oustrialov.

Le but immédiat de Staline : scinder le Parti, scinder l'Opposition, habituer le Parti aux méthodes d'anéantissement
physique, constituer des équipes de siffleurs fascistes, d'hommes
travaillant à coups de poings, à coups de bouquins, à coups
de pierres, mettre les gens sous les verrous, voilà sur quoi
le cours stalinien s'est momentanément arrêté avant d'aller
plus loin. Sa route est déjà tracée. Pourquoi les Yaroslavsky,
les Chvernik, les Golochékine et autres discuteraient-ils au
sujet des chiffres de contrôle, puisqu'ils peuvent lancer à la
tête d'un opposant un gros bouquin de chiffres de contrôle ? (1)
Le stalinisme trouve son expression effrénée en se laissant aller
à de véritables actes de voyous. Or, nous le répétons, ces

---

(1) Au cours d'une discussion, Yaroslavsky, perdant tout sang-froid, avait
eté à la tête de Trotsky le gros volume du Plan d'État.

méthodes fascistes ne sont que l'accomplissement aveugle, inconscient d'un ordre social émanant des autres classes. Le but : amputer l'Opposition du Parti et l'anéantir physiquement.

Déjà, des voix se font entendre : « Nous en exclurons un millier, nous en fusillerons une centaine, et tout deviendra calme dans le Parti. » Ainsi parlent de malheureux aveugles, apeurés et déchaînés en même temps. C'est la voix de Thermidor. Les bureaucrates les plus mauvais, corrompus par le pouvoir, aveuglés par la haine, le préparent de toutes leurs forces. Il leur faut, pour cela, deux partis. Mais la violence se brisera contre une ligne politique juste qui a, pour la servir, le courage révolutionnaire des cadres d'opposants. Staline ne créera pas deux partis. Nous disons ouvertement au Parti : la dictature du prolétariat est en danger. Et nous croyons fermement que le Parti — son noyau prolétarien — entendra, comprendra, rectifiera. Le Parti est déjà profondément remué, demain il sera remué jusque dans son tréfonds.

Derrière les quelques milliers d'opposants appartenant aux cadres du Parti, suit une double, une triple couche d'adhérents à l'Opposition, puis une couche encore plus large d'ouvriers membres du Parti qui ont déjà commencé à prêter une oreille attentive à l'Opposition et à se rapprocher d'elle. Ce processus est inévitable. L'ouvrier sans parti ne s'est pas laissé prendre aux attaques et aux calomnies dirigées contre nous. Son mécontentement légitime devant le développement du bureaucratisme et du régime du bâillon, la classe ouvrière de Léningrad l'a exprimé dans l'éclatante démonstration du 17 Octobre. Inébranlablement, le prolétariat est pour le pouvoir des Soviets, mais il veut une autre politique. Tous ces processus sont inévitables. L'appareil est impuissant à les combattre. Plus les répressions seront violentes, plus elles affermiront l'autorité des cadres d'opposants aux yeux des communistes du rang et de la classe ouvrière dans son ensemble. Pour chaque centaine d'opposants exclus du Parti, il y aura un nouveau millier d'opposants dans le Parti. L'opposant exclu se sent membre du Parti et le restera. On peut, par la violence, arracher la carte du Parti au véritable bolchévik léniniste, on peut, momentanément, lui retirer ses droits de membre du Parti, il n'abandonnera jamais ses obligations de membre du Parti. Lorsque Jansson demanda au camarade Mrachkovsky, à la séance de la Commission Centrale de Contrôle, ce qu'il ferait lorsqu'il serait exclu du Parti, le camarade Mratchkovsky répondit : « Je continuerai comme par le passé. »

C'est ce que dira tout opposant, quel que soit le lieu d'où l'on puisse exclure : du Comité Exécutif de l'Internationale Communiste, du Comité Central, du Parti Communiste de l'Union ou du Parti. Chacun de nous dit avec Mratchkvosky : « Je continuerai comme par le passé. »

Nous tenons la manette du bolchévisme. Vous ne nous en arracherez pas. Nous la ferons marcher. Vous ne nous amputerez pas du Parti, vous ne nous couperez pas de la classe ouvrière. Nous connaissons les répressions, nous sommes habitués aux coups. Nous ne livrerons pas la Révolution d'Octobre à la politique de Staline dont l'essence peut s'exprimer en quelques mots : *Bâillonnement du noyau prolétarien, fraternisation avec les conciliateurs de tous les pays, capitulation devant la bourgeoisie mondiale.*

Excluez-nous donc du Comité Central un mois avant le Congrès que vous avez déjà transformé en étroite réunion des gens de la fraction Staline ! Le XVe Congrès sera, au point de vue extérieur, une espèce de triomphe supérieur de la mécanique de l'Appareil. En réalité, il en marquera le complet effondrement politique. Les *victoires* de la fraction Staline sont les victoires des forces de classes étrangères sur l'avant-garde prolétarienne. Les défaites du Parti dirigé par Staline sont les défaites de la dictature du prolétariat. Le Parti le sent déjà. Nous lui viendrons en aide. *La plate-forme de l'Opposition est sur la table du Parti !* Après le XVe Congrès, l'Opposition sera, dans le Parti, incomparablement plus forte qu'en ce moment. Le calendrier de la classe ouvrière et le calendrier du Parti ne coïncident pas avec le calendrier bureaucratique de Staline. Le prolétariat pense lentement, mais sûrement. Notre plate-forme accélérera ce processus. En derrière analyse, c'est la ligne politique qui décide, et non la main de fer bureaucratique.

L'Opposition est invincible. ! Excluez-nous aujourd'hui du Comité Central, comme hier vous avez exclu Sérébriakov et Préobrajensky du Parti, comme vous en avez arrêté tant d'autres. Notre plate-forme se fraiera sa voie. Déjà, les ouvriers de tous les pays se demandent, avec la plus grande inquiétude, pour quelle raison, à l'occasion du Xe anniversaire de la Révolution d'Octobre, on exclut, on arrête les meilleurs combattants de cette Révolution. A qui la faute ? A quelle classe ? A celle qui a vaincu en Octobre, ou à celle qui appesantit sa pression tout en sapant la victoire d'Octobre ? Même les ouvriers retardataires de tous les pays, réveillés par vos répressions, prendront en mains notre plate-forme pour vérifier l'ignoble calomnie répandue au sujet de l'officier de Wrangel et du complot militaire.

Les poursuites, les exclusions, les arrestations feront de notre plate-forme le document le plus populaire, le plus près du cœur, le plus cher du mouvement ouvrier international. Excluez-nous, vous n'arrêterez pas les victoires de l'Opposition : elles seront les victoires de l'unité révolutionnaire de notre Parti et de l'Internationale Communiste.

RÉPONSE
A UN
CONTRADICTEUR BIENVEILLANT

J'ai reçu votre lettre du 6 Août, datée du Zaporojé où vous séjournez provisoirement. Je n'ai pas de raison de douter qu'elle vous ait été inspirée par les meilleures intentions. Mais je crois non moins fermement que c'est de ces mêmes intentions que sont pavées les voies conduisant de la façon la plus directe à Thermidor. Aujourd'hui, l'on travaille bien plus énergiquement à améliorer les voies thermidoriennes que nos routes vicinales russes.

Vous voulez me convaincre du dommage causé par l'Opposition en général, par la « superindustrialisation » en particulier ; pour cela vous utilisez comme exemple la leçon qui se dégage du Dnieprostroï (1) sur les lieux duquel vous vous trouvez à présent. Vous écrivez :

« Comme preuve éclatante de ceci (c'est-à-dire de la nocivité d'une industrialisation exagérée) on peut se servir de votre décision (?) de hâter la marche du Dnieprostroï, dont, pendant longtemps encore, on n'aura pas besoin et qui, de plus, est construit d'après un projet absolument ignare... »

Vous développez ensuite un grand nombre d'autres considérations en les accumulant les unes sur les autres et en donnant ainsi à toute la lettre (permettez-moi de vous le dire franchement) un caractère passablement confus. Et chaque fois vous revenez à ce même Dnieprostroï qui, selon vous, « se présente comme une pierre de touche, comme un moyen d'analyser infailliblement, ce que vous (c'est-à-dire moi) proposez de faire ».

Je réponds à votre lettre parce qu'elle me paraît être au plus haut point le produit typique d'une façon courante de penser existant dans le Parti et se caractérisant par ces deux

---

(1) Importante Centrale électrique devant desservir le bassin du Dnieper.

traits : incapacité théorique d'être logique et, par suite, attitude négligente envers les faits.

Le mode de pensée des marxistes est infiniment rigoureux, il est exigeant : il n'admet pas de lacunes, pas de fossés, pas d'ajustage grossier des pièces. C'est justement pour cela qu'il tient si strictement compte des faits ; il ne se fie pas à l'ouïe, ni à la mémoire, il contrôle d'après les sources. La façon de penser du citoyen moyen est triviale, approximative, elle erre, elle tâtonne sans regarder devant soi ; point ne lui est besoin d'une rigoureuse exactitude du point de vue des faits. Cela est surtout vrai en politique ; c'est encore plus vrai dans la politique de fraction. Pris en flagrant délit, on peut aussi toujours se référer à un compère qu'on a entendu parler de ses propres oreilles. Votre lettre, hélas, fait partie de cette dernière catégorie...

Visiblement, tout ce que vous dites du Dnieprostroï, vous l'avez entendu dire par un compère dont le manque de sérieux est patent. Vous écrivez qu'on « réalise ma décision de hâter la marche du Dnieprostroï ». De quelle décision s'agit-il ? En quelle qualité et avec quelle autorité pouvais-je adopter une pareille résolution ? Comment eussé-je pu le faire, en 1925 surtout, alors que toutes les décisions étaient prises derrière mon dos par le Septumvirat fractionnel (1) et passaient ensuite, simplement pour la forme, par le Bureau Politique ?

Écoutez : voici comment, en réalité, les choses se sont passées. Au cours de l'été 1925, le Conseil de la Défense et du Travail prit un arrêté — où je ne participai en aucune façon — nommant une Commission du Dnieprostroï sous ma présidence. Le principe même de la construction d'une centrale hydro-électrique avait été tranché *deux ou trois ans auparavant*. L'organisation qui en fut chargée fit de grands travaux de calculs et de préparations. Je restai absolument étranger à tout cela. Ma Commission, d'après l'arrêté du Conseil de la

---

(1) Le Septumvirat est le groupe fractionnel qui s'était formé au Bureau Politique pour combattre Trotsky, et qui, après le départ de celui-ci, est resté le Bureau Politique lui-même.

Défense et du Travail, avait pour tâche de vérifier le projet et les calculs en deux ou trois mois, afin de pouvoir introduire dans le budget prévu pour 1925-26 les premiers crédits destinés à cette construction. Dans ce cas comme dans bien d'autres, je défendis un point de vue d'après lequel il valait mieux, étant donné notre misère, calculer et vérifier deux ans de plus que de prolonger inutilement de deux mois l'exécution même des travaux. C'est justement en défendant ce point de vue que, grâce à certaines démarches, j'obtins que le délai fixé pour les travaux de la Commission fût encore *prolongé* d'un an. Ainsi que vous le voyez, cela ne ressemble guère à de la « hâte ». Les meilleures compétences du pays et du monde furent amenées à travailler à la vérification du projet. Un large échange de vues se fit dans la presse entre techniciens et économistes. De ma part, aucune pression ne fut exercée ni sur la Commission, où étaient représentées toutes les institutions économiques, ni, à plus forte raison, sur la presse ; je n'aurais d'ailleurs pu en exercer aucune vu l'ensemble de la situation qui s'était créée dans les sphères supérieures du Parti et des Soviets : cela se passait en 1925-26, l'Histoire du Parti et de la Révolution d'Octobre avait déjà été refaite à neuf, Molotov s'était fait théoricien et Kaganovitch administrait l'Ukraine...

Il est vrai que j'étais intervenu dans la presse ainsi qu'au cours des séances du Comité Central contre des généralisations inspirées de l'intelligence pure du citoyen moyen, pour affirmer que, dans l'ensemble, le Dniéprostroï n'est pas dans nos moyens. C'est avec des arguments de ce genre que des « amis du peuple » désuets se dressèrent naguère contre la construction du Transsibérien, qui, soit dit en passant, était pour la Russie d'alors une entreprise infiniment plus difficile que le Dniéprostroï ne peut l'être pour nous. Toutefois, la solution à donner à la question générale de l'allure de l'industrialisation ne devait nullement résoudre le problème particulier consistant à savoir quand et dans quelles proportions il fallait construire le Dniéprostroï, et, en général s'il fallait l'aborder. La Commission que je dirigeais ne devait préparer que les éléments permettant de donner une solution à cette question. Les choses n'en sont pas même arrivées là. La lutte contre le « trotskysme » se transformait, dans une de ses ramifications, en lutte contre le Dniéprostroï. Les dirigeants des diverses institutions et surtout ceux des chemins de fer, dont vous parlez d'une façon si peu élogieuse, crurent de leur devoir de saboter par tous les moyens le travail de la Commission. L'unique règle qui guide certains sages d'État consiste, ainsi que vous le savez sans doute, à dire « rasé » lorsque je dis « tondu ». Or ,étant donné qu'en raison du peu d'avancement des travaux je n'avais pas émis d'opinion définitive sur le projet et les délais dans lesquels le Dnieprostroï devait être achevé, les institutions traînaient simplement en longueur, mettaient en échec, sabotaient et lançaient des « bruits ». Je finis par demander à être libéré des fonctions de président de la Commission. On y consentit. Après cela, dans un délai extraordinairement court, littéralement en quelques semaines, la Commission effectua tout le travail, formula ses conclusions et les fit adopter par le Conseil de la Défense et du Travail. Il est fort possible que la Commission se laissa guider par le noble désir de montrer qu'elle aussi était compétente.

Sans doute lui avait-on transmis d'en haut une parole vivifiante. En effet, les choses marchèrent à une allure « forcée ». Mais je n'ai rien eu à voir avec la vérification définitive des chiffres et des plans, ni à plus forte raison avec les délais fixés.

Tant que je fus président de la Commission, Staline, et par conséquent Molotov, intervinrent en adversaires résolus du Dniéprostroï. Parlant sur le ton des « philosophes paysans », Staline émettait des axiomes dans le genre de ceux qui consistent à dire que construire le Dniéprostroï, pour nous c'est comme qui dirait un paysan pauvre achetant un phonographe. Lorsqu'après ma démission il se produisit un revirement à 180°, devant lequel j'exprimai mon étonnement lors d'une séance du Comité Central, Staline expliqua qu'il s'agissait autrefois d'un demi-milliard tandis qu'il n'était plus question alors que de cent quarante millions. Tout cela est enregistré dans les procès-verbaux d'un des Plenum du Comité Central. Staline montra tout simplement par là qu'il ne comprenait rien au fond même du problème et que l'intérêt qu'il montrait envers le Dniéprostroï se limitait à des considérations de combinaisons personnelles. On avait parlé du demi-milliard au sujet d'usines nouvelles qui devaient consommer l'énergie du Dniéprostroï. En chiffres ronds, leur prix de revient avait été fixé à l'époque à 200-300 millions. En y ajoutant le Dniéprostroï, cela atteignait environ le demi-milliard. Mais ces établissements par eux-mêmes faisaient partie des plans de construction des branches respectives de l'industrie. Ce n'est pas le Dniéprostoï qui avait besoin d'eux, mais eux au contraire qui avaient besoin du Dniéprostroï.

Le dernier mot au sujet de ces usines nouvelles devait être dit par l'industrie chimique, le centre de l'industrie métallurgique, etc. De mon temps, la Commission abordait seulement la vérification de ce problème. Dès que je fus parti, il fut résolu en deux temps trois mouvements ; on eût dit que quelqu'un avait infusé de la vie à la Commission.

D'après cette brève esquisse, qu'il est aisé de contrôler textes en mains, on voit clairement avec quelle légèreté d'esprit vous êtes entré dans la voie de la création de certains mythes.

Il n'y a cependant pas de raison pour que vous en soyez spécialement honteux. Vous n'êtes pas le premier, vous ne serez pas le dernier. Il y a des dizaines et des centaines d'autres... créateurs de légendes. L'échantillon le plus marquant — l'échantillon classique, pourrait-on dire — est le mythe de l'usine Poutilov. Presque toute l'humanité cultivée sait maintenant qu'en 1923, j'ai voulu « fermer » cet établissement. En apparence ce crime a un caractère opposé à celui dont vous m'accusez : sur le Dniéper j'aurais décidé de « construire » ce dont nous n'avions pas besoin, sur la Néva j'étais décidé à fermer ce qui nous était indispensable. Vous savez, je pense, que la question Poutilov joua un rôle énorme dans tout ce que l'on appela la lutte contre le trotskysme, surtout au cours de sa première phase. Bien des rapports et des résolutions non seulement de nos Congrès et Conférences, mais aussi de ceux de l'Internationale Communiste contiennent des allusions à ce sujet. Lors du Ve Congrès, la délégation française, venant s'entretenir avec moi, m'interrogea aux fins de savoir pourquoi j'avais voulu fermer une usine constituant un des remparts de fer de la dictature du prolétariat. La résolution du XVe Congrès mentionne elle-même à nouveau l'usine Poutilov.

En réalité, voilà ce qui se passa. Rykov, qui, en 1923, fut à nouveau nommé Président du Conseil Supérieur de l'Economie nationale — Rykov et non pas moi — intervint auprès du Bureau Politique en proposant de fermer cet établissement ; d'après les calculs du Conseil Supérieur de l'Economie Nationale, disait-il, cette usine ne servirait à rien au cours de la prochaine décade ; elle serait par conséquent un fardeau que notre industrie métallurgique n'aurait pas la force de supporter. Le Bureau Politique vota *pour* la fermeture. Je n'étais rien, ni dans le Conseil Supérieur de l'Économie Nationale, ni dans le Plan d'Etat, ni dans l'industrie de Léningrad. Je ne déposai sur ce point aucune proposition m'appartenant en propre. En tant que membre du Bureau Politique, j'étais obligé de trancher la question en me basant sur le rapport de Rykov. Le problème général de l'industrialisation ne résoud nullement par lui-même pas plus la question particulière de Poutilov que celle du Dniéprostroï. Staline, ayant entendu le rapport de Rykov, vota lui aussi la fermeture. Ensuite, sur protestation de Zinoviev, ce problème reçut une solution nouvelle en dehors du Bureau Politique par la voie fractionnelle. En tout cas, lors d'une des séances qui suivirent, Rykov, au Bureau Politique, accusa Staline d'avoir conclu un compromis avec Zinoviev en se laissant guider par des considérations d'un tout autre ordre que celui des affaires. Voilà comment se produisit mon attentat contre l'usine Poutilov. L'admirable, c'est que la résolution du XVe Congrès répétant la légende de l'usine Poutilov fut adoptée sur proposition de Rykov. Mon crime se borna cependant à voter une proposition émise par lui, Rykov. C'est incroyable, direz-vous. Mais il s'en est passé bien d'autres...

Au moment où j'écris cette lettre, j'ouvre par hasard une brochure publiée par les Éditions d'État, écrite par un certain Chestakov et intitulée : *Aux paysans. Sur les résolutions du XVe Congrès.* J'y apprends, à la page 49, que Trotsky, « remit en son temps, une déclaration au Comité Central du Parti, exigeant la fermeture des immenses usines Poutilov et de Briansk. » Il n'est pas dit pourquoi il l'exigeait. Le fait lui-même est cité pour démasquer le soi-disant « amour de l'Opposition pour l'ouvrier ». « Voilà comment ils sont, ces super-industrialisateurs ; pour faire du tort aux ouvriers ils exigent la fermeture des « immenses usines Poutilov et de Briansk ». En ce qui concerne Poutilov, j'ai raconté plus haut ce que je sais. Quant à Briansk, n'étant pas informé, je ne puis rien vous communiquer. Peut-être l'a-t-on simplement ajouté pour compléter la collection. En général, il serait difficile de concevoir libelle plus insolent, plus audacieux que cette brochure officieuse sur les résolutions du XVe Congrès. Il a surgi maintenant une quantité d'hommes à tout faire, flibustiers de la littérature. En 1882, Engels écrivait à Bernstein : « Tels sont nos messieurs les littérateurs. A l'instar des gens de lettres bourgeois, ils estiment qu'ils ont le privilège de ne rien étudier et de discuter de tout. Ils nous ont créé une littérature qui, par son ignorance de l'économie, son utopisme fraîchement émoulu et son insolence, n'a pas d'égale. » Ceci est d'une actualité terrible. Les Chestakov ont même laissé loin derrière eux les littérateurs de cette époque tant par leur ignorance que par leur utopisme officiel et surtout par leur arrogance. Au moment du danger, ces messieurs sans honneur ni conscience seront les premiers à trahir ; en cas de défaite du prolétariat, dans le même style fleurant la pitance officielle, ils chanteront des louanges aux vainqueurs.

★

Intervenant contre de grandes mesures de vaste envergure, vous écrivez — non sans ironie :

« Notre époque n'est pas celle des grands problèmes.

« Il n'y a pour le moment de grandes réformes que dans les chemins de fer où nous donnons ainsi le coup de grâce à la voie, aux locomotives et où nous sommes en train d'achever les wagons... Tout cela s'appelle « expédition dépersonnalisée (1), » centralisation des ateliers, etc...

D'après le texte de votre lettre, on pourrait conclure qu'ici aussi le coupable c'est... l'Opposition. Comme dans la chanson, vous vous souvenez : « C'est la faute à Voltaire ». Soit. Nous sommes rendus responsables de la fermeture ou de la quasi-fermeture de Poutilov et même des usines de Briansk. Nous portons aussi la responsabiité de l'inauguration ou de la quasi-inauguration du Dnieprostroï. Mais comment peut-on nous rendre responsables de la réforme de Roudzoutak ? Ne pourrait-on pas, en cela aussi, trouver quelque lien de parenté avec l'arrêté n° 1042 dont Lénine et Djerzinsky dirent en leur temps qu'il avait sauvé les locomotives et les wagons, mais qui, en 1924, c'est-à-dire quatre ans après, fut dénoncé comme ayant — ou presque — causé la destruction des chemins de fer ? Ne pourrait-on pas prouver que c'est moi qui « entraîna » l'inexpérimenté Roudzoutak sur le chemin de l'expédition dépersonnalisée ? Si vos propres ressources ne suffisent pas à résoudre ce problème d'histoire et de philosophie, adressez-vous à Yaroslavsky, à Goussev et aux autres gardiens de la loi ; ils vous fourniront directement tout ce dont vous avez besoin — et au delà !

---

(1) Par « expédition dépersonnalisée », on entend l'organisation des transports qui évite la circulation d'une même marchandise en deux sens opposés, par exemple : expédition de blé de Moscou à Léninegrad en même temps que de Léninegrad à Moscou. L'application de cette formule à Roudzoutak est une allusion à ses voyages aussi fréquents qu'inutiles, et qui sont la risée générale. (L. T.)

Étant donné que vous tentez d'aborder les questions économiques générales en prenant comme point de départ des cas particuliers (je ne fais pas d'objections à cette méthode du point de vue principe) je vous propose de fixer encore votre attention sur un exemple. L'industrialisation est intimement liée à la politique des concessions. Lénine accordait à cette dernière une importance énorme. En fait, les résultats obtenus furent plus que modestes. Il y a évidemment à cela des causes objectives. Mais, dans ce domaine également, les méthodes de direction jouent un rôle qui n'est pas mince et qui n'est sans doute pas le moins important. Voici un exemple que je vous conseille de bien analyser (mieux que vous ne l'avez fait pour le Dniéprostroï) et, mettant à profit l'ère de l'auto-critique, de soumettre au jugement du Parti. Il faudra d'ailleurs vous hâter : déjà l'auto-critique en est à son dernier soupir...

Mon exemple se rapporte à notre extraction du manganèse. Nos gisements les plus importants de ce métal, ceux de Tchiatoury, sont, vous le savez, cédés en concession à l'américain Harrimann. Quant à ceux de Nikopol, nous les exploitons nous-mêmes. En tant qu'homme familier avec les choses de la métallurgie, vous savez probablement que le manganèse a une application très unilatérale et qu'en raison même de ce fait, son marché est strictement limité. Le manganèse de Nikopol est infiniment moins bon comme qualité, beaucoup plus difficile à extraire et il entraîne de grands frais de transport. D'après des calculs approximatifs que j'ai faits en mon temps avec la participation des meilleures compétences en la matière, le bénéfice différentiel par tonne de manganèse avec celui de Tchiatoury atteint environ 8 à 10 roubles. Cela signifie que lorsqu'une tonne de Tchiatoury donne 4 à 5 roubles de bénéfices, une tonne de Nikopol entraîne environ 4 à 5 roubles de perte. Conformément au contrat de la concession, nous recevons un prix fixé d'avance pour chaque tonne vendue par le concessionnaire. Chaque tonne de Nikopol que nous vendons correspond pour nous à une perte. Si l'État estime nécessaire de garder entièrement l'industrie du manganèse entre ses mains sans la remettre en concession (le feu Krassine défendait cette thèse, il se peut qu'il ait eu raison), il faut alors réduire au minimum l'exploitation du Nikopol et développer au maximum celle de Tchiatoury. Nous sommes alors certains d'obtenir de gros bénéfices. Or, nous avons agi complètement à l'inverse : après avoir remis Tchiatoury en concession, nous avons commencé à développer Nikopol en y investissant des millions dont, chacun le sait, nous avons plein les poches. Nous atteignons ainsi un double but : nous vendons le manganèse de Nikopol à perte et en éliminant du marché, grâce à une exportation déficitaire, le manganèse de Tchiatoury, nous réduisons notre bénéfice sur chaque tonne vendue par le concessionnaire. En un mot, au prix d'une perte à Nikopol nous en causons une autre à Tchiatoury.

D'où provient donc ce système savant d'auto-sabotage ? En pareil cas, on parle beaucoup chez nous d'erreurs de calcul : il se trouve toujours quelque parent éloigné, un malingre autant que possible, qui est coupable. Ici pourtant il n'y eut pas d'erreur. Tous les calculs avaient été faits à l'avance. Toutes les institutions avaient été averties. Les documents relatifs à cette question, avec les données précises, existent dans les archives respectives. C'est le féodalisme « soviétique » qui joua ici un rôle fatal ; ainsi qu'on nous l'enseigne à propos de la Chine, ce féodalisme se soude inévitablement avec le bureaucratisme, avec le mandarinisme qui, parfois, en est l'origine. Tchoubar et d'autres mandarins de l'Ukraine développaient le manganèse de Nikopol en l'examinant sous leur « propre » point de vue local. Le point de vue de Kharkov entra en contradiction avec celui de l'État en général. Dans un régime de dictature du prolétariat centralisée, la question eût pu être assez facilement résolue pour le bien de toute l'Union et par voie de conséquence pour celui de l'Ukraine. Mais en appliquant les méthodes du féodalisme bureaucratique, tout se trouve renversé sens dessus-dessous. Pour des considérations d'ordre n'ayant rien à voir avec le manganèse, il apparut tout à fait impossible de faire de la peine à Tchoubar, cela eût pu entraîner un changement dans les « rapports de forces ». Il y eut ici non pas une erreur d'appréciation économique, mais bien un calcul politique qui n'avait qu'un défaut : celui d'être profondément pourri.

Je n'ai actuellement aucune donnée sur le travail de Nikopol et sur les rapports de celui-ci avec Tchiatoury. Mais, pour autant que je puisse comprendre, je doute que la situation générale du marché mondial ait apporté à Nikopol les miracles sur lesquels comptait, en dépit du bon sens, la direction de Kharkov. Or, cela ne peut correspondre qu'à des millions perdus. Ce n'est là qu'une supposition de ma part. Peut-être la contrôlerez-vous et publierez-vous les résultats obtenus ? S'il arrive que je me sois trompé, je serais le premier à en être heureux.

Mais revenons au Dniéprostroï. Étant donné votre négligence à disposer des faits, je n'ai aucune raison de vous croire lorsque vous dites que le Dniéprostroï a montré que sa construction était prématurée. Votre seconde affirmation qu'on le construirait mal est beaucoup plus vraisemblable. Mais qu'y puis-je pour ma part ? N'accourez pas avant les Goussev, les Koussinen, les Manouilsky, les Pepper, les Liadov et autres pique-assiettes politique qui démontreront que je suis responsable non seulement des fautes commises au Dniéprostroï, mais aussi de celles de la construction du chemin de fer Turkestan-Sibérie, dans le voisinage duquel j'habite actuellement.

Vous ne cessez de dire : « Songez-y, réfléchissez au Dniéprostroï et revisez votre programme de l'industrialisation vers lequel vous avez malheureusement entraîné le Parti. »

« Entraîné ? » Comment cela ? La super-industrialisation a été condamnée dans toutes les assises du Parti. Le Parti s'est prononcé contre elle avec le monolithisme nécessaire. Les pique-assiettes de la littérature ont écrit à ce sujet des centaines de brochures. Des montagnes de documents, dans le genre de ceux que se passent les écoliers qui trichent aux examens, ont été propagés dans tout le pays et l'on peut dire dans le monde entier. Et cela toujours sur le même thème : le trotskysme équivaut à piller le paysan au profit de la super-industrialisation. Maintenant, tout à coup, il se trouve que c'est Trotsky qui « malheureusement » a entraîné le Parti vers ce programme criminel. Permettez-moi de vous demander : Que pensez-vous donc du Parti et surtout de sa Direction, vous autres adversaires de l'Opposition ? Comment pouvez-vous accorder un vote de confiance à une semblable Direction ?

Vous écrivez plus loin : « On a essayé de parler votre langage au paysan. Qu'en est-il résulté ? L'alliance entre paysans et ouvriers est ébranlée pour des années, alors que l'armée est paysanne, le pays paysan, la collectivisation est un paravent permettant de recevoir des subsides ; un siècle sera nécessaire pour l'industrialisation. »

Ces quelques lignes sincères contiennent tout un programme, plus que cela même : toute une conception du monde. Seulement... quel vent a bien pu vous amener avec de telles convictions dans le parti de Marx et de Lénine ? Mais tranquillisez-vous ; vous êtes presque un héros de l'époque. Vous avez au bout de votre plume ce que des dizaines de milliers de camarades appartenant aux couches supérieures ont dans l'âme. Un grand déplacement s'est produit dans le Parti de Marx et de Lénine, et votre lettre réactionnaire de citoyen moyen n'en est qu'une des manifestations innombrables.

« On a essayé de parler votre langage au paysan. » Qui a essayé ? Le Comité Central. Alors, permettez-moi de vous demander : pourquoi a-t-il « essayé » ? Il a commencé par condamner, par rejeter, par bannir, par déporter et puis il se serait dit : « Si j'essayais ? » Mais alors, laissez-moi vous le dire, à quoi réduisez-vous le Comité Central ? Comment appréciez-vous sa politique ? Sa morale politique ? Elle n'est pas belle votre position. Ou bien est-ce celle du

Comité Central qui n'est pas belle ? C'est là précisément ce que nous disons.

Vous demandez : « On a essayé de parler votre langage au paysan ; qu'est-ce que cela a donné ? L'alliance entre paysans et ouvriers est ébranlée pour des années. » Permettez : c'est justement sur la question de l'alliance que roulait toute notre discussion. C'est pourtant bien l'Opposition « qui ne veut pas d'alliance avec le paysan ». Le premier Manouilsky venu pourrait le prouver. Et, tout d'un coup, il se trouve que la Direction aurait ébranlé cette alliance pour des années, simplement parce qu'elle a voulu s'abreuver de « trotskysme ». Qu'est-ce que cette confusion ?

Votre malheur c'est qu'à force d'être « travaillé » continuellement et de la façon la plus monotone, sans aucune base de principe, vous avez désappris la réflexion, la précision, la bonne foi. De même que la chaîne fordiste détruit le système nerveux, de même la chaîne de documents émanant d'écoliers tricheurs désagrège les centres pensants. Vous complétez la confusion de votre politique par le galimatias des commentaires. Car, enfin, l'Opposition a tout de même publié une plate-forme et des contre-thèses pour le XVe Congrès. Toutes ces questions ont été analysées très clairement et d'une façon aussi concrète que le permet une plate-forme. Or, vous nous attribuez, en fait de programme, des « mesures » appliquées dans un sentiment de panique et d'extase administrative et causées par le caractère erroné de tout le cours précédent. Il n'en serait pas ainsi ? Alors, par quoi ont-elles été causées ? Si l'on admet qu'à la suite d'un cours socialiste, il fallait exactement dix ans après Octobre, recourir à un arbitraire destructeur (appelé je ne sais pourquoi « communisme de guerre »), cela signifie qu'en général il n'y a pas d'issue à la situation. Alors c'est là condamnation de la dictature du prolétariat dans son ensemble et des méthodes socialistes de gestion. C'est remettre les cartes aux mains des menchéviks et aux larbins de la bourgeoisie en général. C'est justement à cela qu'aboutit, en dépit de ses intentions, toute la caste des parasites idéologiques. Pour eux, tout va bien, tout va merveilleusement bien jusqu'au moment où, brusquement, tout va tout à fait mal. Pourquoi le mal surgit-il ainsi brusquement du bien, pourquoi, à la suite d'une alliance entre paysans et ouvriers se consolidant systématiquement, des mesures apparaissent-elles, qui ébranlent cette « union » pour « des années » ? Les pique-assiettes ne se soucient pas de cette question. C'est pourtant elle qui décide du sort du socialisme.

Vous dites des absurdités, Monsieur, quand vous affirmez qu'on a essayé de parler *notre* langage au paysan. Les mesures désespérées n'étaient pas déduites de notre plate-forme, mais du fait qu'on ne l'a pas prise en considération en temps voulu. Et il se trouve encore des maniaques de la parole, des saligauds qui racontent aux ouvriers que « l'Opposition a fait obstacle » au stockage des blés, qu'elle aurait « détourné l'attention ». De quoi a-t-elle détourné l'attention ? Du stockage des blés ? Mais c'est pourtant bien elle qui en parlait, c'est pourtant bien vous qui détourniez l'attention du Parti avec l'histoire de l'officier wrangélien ? Prenez garde que, demain, vous ne soyez forcés de répéter cette « manœuvre » en lui donnant une extension infiniment plus grande !

« L'armée est paysanne, le pays paysan, la collectivisation est un paravent permettant de recevoir des subsides ; un siècle sera nécessaire pour l'industrialisation. » Dans ces seules paroles tout votre fond remonte au jour. Pourquoi n'achevez-vous pas votre pensée ? La conclusion devrait être la suivante : « Vous vous êtes mis en tête passablement tôt, bien tôt, beaucoup trop tôt, de faire la Révolution d'Octobre. Il aurait fallu attendre encore à peu près un siècle. Créer le pouvoir des Soviets pour entretenir tout simplement une armée paysanne dans un pays paysan et pour que la collectivisation serve de paravent permettant d'obtenir des subsides : Et bien non, les dépenses effectuées pour arriver à un pareil résultat sont démesurées. Vous avez été trop vite, vous avez été trop pressés de faire Octobre. » Voilà ce qui sort de vous par tous les pores lorsque vous rejetez le fatras de documents des écoliers tricheurs et commencez à laisser parler votre nature.

Conformément à toute votre façon de penser vous ajoutez immédiatement :

« Je pense que maintenant vous doutez vous-même que les prémisses nécessaires à l'établissement du pouvoir des Soviets en Chine existent déjà. » Là-dessus je ne puis vous répondre qu'une chose : le citoyen moyen a pris de l'audace, il se gratte le ventre en public. Certes, cet esprit moyen n'avait pas été complètement éliminé chez beaucoup de révolutionnaires, non seulement d'après Octobre, mais même aussi d'avant Octobre. Seulement autrefois il se cachait, maintenant il remonte à la surface non seulement chez les intellectuels, mais aussi chez beaucoup d'anciens ouvriers qui se sont élevés au-dessus de la masse, qui ont reçu un titre et se sont fait un nom et peuvent regarder la masse de haut aussi bien en Russie qu'en Chine.

« Mais est-ce qu'on peut traiter notre peuple autrement ? Quelle industrialisation voulez-vous faire avec le moujik ? Est-ce que le Chinois a une tête à avoir le pouvoir des Soviets ? » Le citoyen moyen réactionnaire a dévoré le révolutionnaire, il n'en a laissé que la peau et les os, parfois bien moins encore.

Vous êtes en train de répéter, honorable camarade, les sages maximes qui nous furent présentées des milliers et des milliers de fois, non seulement avant la Révolution d'Octobre, non seulement dix ou douze ans avant celle-ci, lorsque nous affirmions que dans la Russie tsariste, esclave, moujik, arriérée, la Révolution pourrait amener au pouvoir le prolétariat plus tôt que dans les pays capitalistes les plus avancés ; mais même en 1917, après Février, à la veille d'Octobre, pendant Octobre, et au cours des premières années pénibles qui suivirent. Comptez donc sur vos doigts : les neuf dixièmes des dirigeants « optimistes » actuels, des constructeurs du « socialisme intégral » ne croyaient même pas à la possibilité de la dictature du prolétariat en Russie ; et pour baser leur manque de foi, ils arguaient de l'ignorance du moujik russe exactement comme vous le faites pour l'industrialisation et les Soviets en Chine.

Savez-vous comment cela s'appelle ? Comment, d'un mot, on peut le qualifier ? C'est de la *dégénérescence*. Pour d'autres, pour beaucoup d'autres, c'est une *renaissance*, c'est un retour à leur fond naturel de petit bourgeois momentanément trituré par le marteau du coup d'État d'Octobre.

Le petit bourgeois ne peut pas mener de politique sans y ajouter des mythes, des légendes, voire même des cancans. Invariablement les faits se tournent vers lui en présentant leur aspect le plus inattendu, le plus désagréable ; de par sa nature, il est totalement incapable d'embrasser de grandes idées ; il n'a aucune cohérence ; alors, il s'applique à boucher les trous, par des suppositions, des fictions et des mythes. Lorsqu'on glisse de la ligne de conduite prolétarienne pour passer à celle de la petite bourgeoisie, il est encore bien plus indispensable de créer des légendes : c'est qu'il s'agit alors de travailler sans trève au camouflage, de raccorder la journée d'hier avec celle d'aujourd'hui, de fouler aux pieds les traditions tout en faisant semblant de les observer. C'est au cours de pareilles périodes que se créent des théories faites pour compromettre les adversaires d'idées au point de vue personnel ; des maîtres en cet art surgissent en même temps. La foi en la toute-puissance politique de l'intrigue s'épanouit. Les cancans se multiplient, se surpassent, adoptent une classification, sont canonisés. Il se crée un corps d'auteurs de documents analogues à ceux des écoliers tricheurs, forts d'une confiance en leur propre irresponsabilité. Au point de vue extérieur tout cela donne des résultats vraiment miraculeux. En réalité, ceux-ci sont dus à la pression des autres classes, transmise par l'intermédiaire des « maîtres » de l'Appareil, des intrigants et des auteurs de documents scolastiques troublant la conscience de leur propre classe et diminuant ainsi sa force de résistance.

J'ai retrouvé, par hasard, des lignes que j'avais écrites il y a presque vingt ans (en 1909) :

« Lorsque la courbe de l'évolution historique monte, la pensée sociale devient plus perspicace, plus hardie, plus intelligente. Elle apprend à distinguer immédiatement l'essentiel de l'insignifiant et à évaluer d'un coup d'œil les proportions de la réalité. Elle attrape les faits au vol en plein essor, et elle les relie par le fil de la généralisation... Mais quand la courbe de la politique descend, la bêtise s'installe dans la pensée sociale. Il est vrai que dans la vie commune persistent encore des débris de phrases générales qui sont des reflets d'événements passés... Mais le contenu intérieur de ces phrases s'est envolé au vent ; le précieux talent de la généralisation politique a disparu on ne sait plus où, sans laisser de traces. La bêtise devient insolente ; montrant ses dents cariées, elle se moque de toute tentative sérieuse de généralisation. Sentant que le champ de bataille lui appartient, elle commence à œuvrer par ses propres moyens. » (L. Trotsky, vol. XX, *La Culture du vieux monde*, page 310).

Il ne faut pas m'en vouloir si votre lettre a fait naître en moi cette association d'idées. Mais une chanson perd son sens si l'on en supprime un mot.

Pour expliquer son confusionnisme, ses bévues et ses erreurs, le petit bourgeois a non seulement besoin de mythes en général, mais aussi d'une source donnant continuellement naissance à une espèce de force démoniaque. Vous savez probablement que cette force est l'incarnation mythologique de notre propre faiblesse humaine. Qui est plus faible au point de vue idéologique, dans la situation actuelle du monde, que le petit bourgeois ? Il voit la force démoniaque en diverses choses qui dépendent de ses conditions nationales, de son passé historique, de la place que le destin lui a fixée. Lorsqu'il est, si l'on peut s'exprimer ainsi, un bourgeois sans mélange, la source de tout le mal est pour lui le communiste qui veut spolier les paysans et les honnêtes travailleurs en général. Si c'est un philistin démocrate, le mal universel apparaît pour lui dans le fascisme. Dans un troisième cas, ce sont les boches, les étrangers, les métèques, comme on dit en France. Dans un quatrième cas ce sont les juifs, etc., et ainsi de suite à l'infini. Chez nous, pour l'homme moyen de l'appareil, pour le petit bourgeois armé de sa serviette, cette source universelle du mal est le « trotskysme ». Personnellement vous représentez simplement une variété « bienveillante » de ce type. Si l'on construit mal le Dniéprostroï ; si Roudzoutak se laisse entraîner par ses convois à vide ; si en corrigeant à la hâte par l'article 107 des erreurs commises pendant toute une série d'années, on crée des imbroglios dangereux : c'est le « trotskysme » le coupable. Qui serait-ce d'autre ? Engels a écrit autrefois que l'antisémitisme est le socialisme des imbéciles. En appliquant ce terme à nos conditions : l'anti-trotskysme est le communisme de... gens qui ne sont pas très perspicaces. Autrement dit, les auteurs de la mythologie anti-trotskyste savent parfaitement où le bât les blesse, mais ils comptent sur les simples, dont on peut détourner l'attention des fautes commises par la Direction en attirant cette attention vers la source universelle du mal à travers le monde, c'est-à-dire vers le trotskysme. Quelle place occupez vous personnellement dans cet engrenage de trompeurs et de trompés ?

— Vous êtes quelque part, au milieu d'eux, faisant fonction de chaînon de transmission.

★

Vous écrivez :

« En tant qu'ami je vous exhorte ardemment à en finir. Ne soyez pas plus intelligent que le Parti. Trompez-vous avec sa majorité, avec cette même majorité de fonctionnaires, de gens de l'appareil, de citoyens moyens, corrompus et dégénérés ; même si cette majorité en est arrivée réellement là, de toute façon vous ne sauriez ni la transformer, ni la remplacer par rien d'autre. »

Quelles lignes merveilleuses ! On ne saurait en imaginer

de meilleures. D'ailleurs, vous n'avez même pas eu la peine de les inventer. Vous avez simplement laissé parler votre fond de citoyen moyen du Parti. Permettez-moi donc de vous rappeler que l'esprit révolutionnaire collectif est une chose, et que celui du troupeau des citoyens moyens en est une autre. L'esprit collectif doit chaque fois être conquis ; l'esprit moutonnier est livré tout achevé, fabriqué de la veille. Vous avez certainement entendu des bavardages sur « l'individualisme », « l'aristocratie », etc. ? C'est ainsi que s'exprime en potins rageurs l'esprit de troupeau des citoyens moyens d'une part, le commérage des fonctionnaires de l'autre.

Avant tout, le Parti a besoin d'une ligne de conduite juste. Il faut savoir et oser défendre celle-ci au besoin contre la majorité du Parti, même contre sa majorité *réelle* et l'aider ainsi à réparer ses erreurs. En prenant les choses au pire, il n'est même pas si honteux de se tromper avec la majorité si celle-ci se trompe d'elle-même, contrôle son expérience et apprend. Mais c'est justement ce dont il n'est pas même question. Depuis longtemps déjà, l'appareil se trompe à la place de la majorité et ne permet pas à celle-ci de le corriger. C'est en cela que consiste la quintessence de la « direction » actuelle ; c'est cela, l'âme du stalinisme.

Vous estimez qu'il faut simplement prendre la majorité existante telle qu'elle est. Si le Parti avait été pénétré de cet esprit, eût-il pu accomplir la Révolution d'Octobre ? Eût-il pu seulement y songer ? Non, cet esprit est le produit du dernier lustre. Avant le coup d'Etat d'Octobre, les éléments de collaborationisme, de conciliation, d'adaptation, d'esprit petit bourgeois vermoulu et salace s'accrochaient à d'autres forces : au mouvement culturel libéral, à l'éducationnisme légal, au patriotisme de l'époque de la guerre, à la défense nationale révolutionnaire de Février. A présent tout cela monte en poussée sous l'étendard du « bolchévisme » de l'appareil, tout cela se groupe et s'entraîne en traquant l'Opposition, autrement dit le bolchévisme prolétarien. Comptez combien de défenseurs actuels, vénérables, d'Octobre, le protégeant contre « l'Opposition anti-soviétique » furent à cette époque de l'autre côté de la barricade, et ensuite, pendant les années de la guerre civile, disparurent on ne sait où. L'opportunisme cherche invariablement à s'appuyer sur une force déjà constituée. Le pouvoir des Soviets est une force. Tout opportuniste, petit bourgeois, citoyen moyen tend à s'appuyer sur lui, non pas tant parce qu'il est soviétique que parce qu'il est le pouvoir. Des pseudo-révolutionnaires de toute l'Europe, d'anciens révolutionnaires dévorés par le citoyen moyen qui sommeillait en eux, d'anciens ouvriers devenus des dignitaires vaniteux, les Martynov et les Koussinen passés et présents, peuvent, en se cramponnant à ce qui existe, intervenir en tant qu'héritiers directs d'Octobre et même avoir le sentiment d'être ceux-ci.

Parmi toutes sortes de « ci-devant » une place particulièrement considérable est prise maintenant par les ex bolchéviks. Il serait bon, un jour, d'en faire le recensement. Ce sont les mêmes qui, en qualité de démocrates-révolutionnaires, adhérèrent vers 1905 au bolchévisme. Lors de la contre-révolution ils se séparèrent du Parti ; ils tentèrent avec un certain succès de s'installer dans le régime du 3 Juin ; ils devinrent de grands ingénieurs, des médecins, des brasseurs d'affaires ; ils se firent les compères et les parents de la bourgeoisie ; avec elle, patriotes, ils entrèrent dans la guerre impérialiste ; la vague des défaites militaires les amena à la Révolution de Février ; ils s'efforcèrent de se faire la place la plus large possible dans le régime de la « démocratie » ; ils montrèrent les dents aux bolchéviks qui empêchaient l' « ordre » de s'établir ; ils furent de furieux ennemis d'Octobre ; ils mirent leurs espoirs en l'Assemblée Constituante ; et lorsque, malgré tout, le régime bolchévik commença à se constituer, ils se souvinrent brusquement de 1905, renouvelèrent leur « stage dans le Parti », se chargèrent de la défense de l'ordre nouveau et des traditions anciennes ; ils insultent maintenant l'Opposition en se servant des mêmes expressions qu'ils appliquèrent en 1917 aux bolchéviks. Ils sont beaucoup comme cela. Voyez seulement la « Société des vieux bolchéviks » : elle est constituée pour une bonne moitié, pour ne pas dire plus, par des « militants » intransigeants ayant derrière eux un léger intérim d'environ huit, dix ou douze ans, passé au sein de la bourgeoisie.

Tous ces bureaucrates stabilisés, alourdis, quelque peu abrutis, ne supportent surtout pas l'idée de la « révolution permanente ». Il ne s'agit certes pas pour eux de 1905, ni de rendre artificiellement la vie à d'anciennes querelles de fractions depuis longtemps reléguées aux archives. Peu leur importe Hécube ! Il s'agit bel et bien de notre époque, d'un aujourd'hui bien isolé de l'enchaînement des ébranlements du monde, il s'agit de se garantir par une « sage » politique extérieure, de construire ce qui se laisse construire, et d'appeler tout ceci le socialisme dans un seul pays. Le citoyen moyen veut de l'ordre, de la tranquillité, une allure modérée, aussi bien en économique qu'en politique. Plus doucement, plus lentement. Ne vous emballez donc pas, nous arriverons toujours à temps. Ne sautez donc pas les étapes. Le pays est paysan, en Chine il y a 400 millions de paysannerie « ignorante ». Il faut un siècle pour l'industrialisation. Cela vaut-il la peine qu'on se casse la tête sur des plates-formes ? Vis et laisse vivre autrui. Voilà le substratum de la haine éprouvée envers la « révolution permanente ». Lorsque Staline disait que les neuf dixièmes du socialisme étaient déjà construits chez nous, il donnait ainsi une satisfaction suprême à la bureaucratie bornée et contente d'elle : nous avons construit les neuf dixièmes ; quant au dixième qui reste, nous l'achèverons certainement. Au cours des dernières années de sa vie, Lénine craignait par-dessus tout cette responsabilité collective des gens de l'appareil et des fonctionnaires armés de toutes les ressources du Parti dirigeant et de l'appareil de l'État.

Et vous nous invitez à capituler devant ces éléments pénétrés de l'esprit du citoyen moyen, devant cet énorme vomissement de l'Histoire, faisant suite à la Révolution d'Octobre encore mal digérée ? Et bien, vous vous êtes trompés d'adresse. « Réfléchissez à nouveau. » Nous avons déjà réfléchi à nouveau. Votre lettre ne fait que révéler une fois de plus l'immense avantage historique que quelques milliers de bolchéviks-léninistes persécutés ont sur la masse friable, informe, sans idées, de fonctionnaires, de serviteurs zélés et simplement de pique-assiettes. Si nous en étions arrivés à votre conclusion qu' « on ne peut pas transformer », nous ne nous serions pas résignés ; nous aurions reconstruit à neuf, c'est-à-dire que nous aurions retiré les bonnes briques des vieux murs, nous en aurions cuit au four de nouvelles, et avec elles, nous aurions érigé un nouvel édifice sur une place nouvelle. Mais par bonheur pour la Révolution, vos succès n'en sont pas encore là. Nous saurons trouver les moyens de faire l'alliance avec le noyau prolétarien du Parti, avec la classe ouvrière ; peu importe que vous nous persécutiez, que vous dressiez autour de nous des barrières. Nous ne vous abandonnons ni les traditions bolchéviks, ni les cadres prolétariens du bolchévisme.

A propos : un jour ou deux avant mon départ de Moscou, je reçus la visite d'un digne citoyen moyen qui voulait m'exprimer en quelque sorte sa sympathie et ses condoléances, ou qui, plutôt, cherchait à donner une issue à son impuissance et à sa maladresse congénitale de moyen, en face des processus menaçants s'effectuant dans le Parti et dans le pays. Ce digne militant du Parti me déclara, dans notre conversation d'adieu, qu'il considérait comme juste toute la politique du Comité Central ; quant au régime existant au sein du Parti, il n'était pas, selon lui, dépourvu de fautes. « Cela, disait-il, c'est vrai. Et la déportation est tout à fait scandaleuse ». C'est ainsi que s'exprima à peu près un brave officiel. D'ailleurs, il faut bien le dire, il n'y avait pas de témoins. Lorsque je

lui posai cette question : « Comment donc une bonne politique a-t-elle amené un mauvais régime ? », mon hôte répondit : « Voyez-vous, il a eu des bévues isolées, mais *nous* corrigerons cette affaire. Tous, vraiment tous ceux avec qui j'ai pu parler », me confiait le dignitaire, « condamnent certes l'Opposition, mais ils sont indignés des déportations. Nous arriverons à les faire rapporter ». Je me moquai de mon visiteur et lui adressai, je crois m'en souvenir, quelques paroles dures dans le genre de celles que vous m'avez obligé à employer envers vous. « Vous n'obtiendrez rien du tout, et demain vous approuverez les déportations, car il ne vous reste rien dans l'âme. » Naturellement les choses se passèrent ainsi.

J'ai reçu récemment une lettre d'un autre « officiel » un peu moins important ; celui-ci, voyez-vous, se plaint de ce que je n'entretiens pas avec lui une correspondance amicale, quoiqu'il ne soit pas d' « accord » avec moi, mais, d'après lui, ce n'est pas une raison. Là-dessus il change de conversation pour raconter quelles sont les modifications qui se sont produites dans ses services, et qu'Ivan Kirylovitch a grossi et joue du violon. Enfin, une « officielle » bienveillante m'a transmis ses conseils en profitant d'une occasion favorable : les hommes ne vivent qu'une seule vie et il ne faut donc pas, par toutes sortes d'oppositions, en venir à se faire exiler ! Les femmes des ex-jacobins de l'époque du Directoire raisonnaient — plutôt, il est vrai, par les cuisses que par la tête — exactement de la même façon. Si vous dites à cette « officielle » qui n'a qu'une « seule vie », qu'elle pue Thermidor, elle vous récitera une si belle citation littéraire que Yaroslavsky lui-même en sera attendri.

Et voilà maintenant que vous apparaissez, vous qui dans votre genre parlez le plus « idéologiquement » et même avec un certain élan : vous voulez me corriger d'un seul coup en vous basant sur le Dniéprostroï. Et vous tous, car votre nom est légion, semblez oublier tout à fait que c'est vous, justement vous, qui avez envoyé dans les prisons et en exil des centaines de mes amis d'idées et moi-même. Si l'on vous disait cela en face, vous ouvririez de grands yeux. « Oui ! Certainement nous avons voté quelque chose ; certes, nous n'avons pas protesté... » Le citoyen moyen du Parti préfère en pareil cas jouer le rôle de Ponce Pilate en se fourrant les doigts dans le nez d'un air bienveillant. Si des centaines de révolutionnaires excellents, d'idées fermes, conséquents, pour la plupart héros de la guerre civile, ont franchi récemment la porte des prisons, s'ils remplissent les mêmes chambrées que les prévaricateurs, les agioteurs et la plus sinistre canaille, si maintenant ils réchauffent de leurs corps les anciens lieux de l'exil tsariste, c'est simplement selon vous une triste circonstance, une imperfection du mécanisme, un malentendu, un excès de zèle des exécuteurs. Non, chers amis, vous n'y échapperez pas! C'est *vous* qui répondez de cela et qui aurez *encore à en répondre*.

Nous, Opposition, nous sommes en train de former maintenant une nouvelle levée historique des véritables bolchéviks. Et vous, par la calomnie malhonnête, par la répression, vous les soumettez à l'épreuve en nous aidant à faire la sélection. Il en est qui ont peur de passer dans la même cellule que les concussionnaires et les agioteurs. Ceux-là « se repentent », reconnaissent leurs erreurs et à ceux-là les gardiens ouvrent les portes. Sont-ce là les meilleurs éléments ? Sont-ce là des révolutionnaires ? Sont-ce là des bolchéviks ? Et pourtant ce sont eux qui vont occuper les postes d'où sont arrachés des révolutionnaires authentiques. Il se produit de plus en plus dans le Parti une sélection des « adaptés ». L'Opposition est abandonnée par les sceptiques, les gens vidés, les hommes de peu de foi, les diplomates à bon marché ou tout simplement par les gens accablés de famille. Ils vont grossir le nombre des hypocrites et des cyniques qui pensent une chose et qui tout haut en disent une autre. Les uns justifient cela par « une nécessité d'État ». D'autres, simplement attelés au char, continuent à tirer, empoisonnés pour toujours par l'impossibilité d'exprimer leur opinion dans leur propre Parti. Entre temps, Yaroslavsky et les autres fossoyeurs dressent la statistique de la « bolchévisation ». Or la véritable masse ouvrière, dans le Parti et en dehors de lui, s'éloigne intellectuellement de l'appareil, s'enferme en elle-même, se durcifie. C'est là le processus le plus menaçant, le principal, le processus décisif. La fraction stalinienne travaille, actuellement surtout, en faveur des menchéviks et des anarcho-syndicalistes en leur préparant le terrain dans le prolétariat. C'est œuvrer sans aucune chance de réussite que de tenter de garder les ouvriers acquis à l'appareil en leur présentant une fois par an une cuillerée à café d'autocritique. Seule l'Opposition qui combat jusqu'à la mort non seulement le menchévisme et l'anarcho-syndicalisme (il est même superflu de le dire), mais aussi le centrisme stalinien et l'esprit officiel de l'appareil, est capable d'exprimer d'une façon bolchévique les besoins et les aspirations de la meilleure partie de la classe ouvrière en maintenant celle-ci sous l'étendard de Lénine.

Vous avez certainement connaissance de l'affaire Malakhov, membre de la Commission Centrale de Contrôle qui, pendant plusieurs années, se livra à des vols et reçut des pots de vin fabuleux. Cela arrive dans les meilleures familles, direz-vous. Vraiment, quand il se met à raisonner, le citoyen moyen s'en tire toujours par des proverbes dans les cas difficiles. Je me permets pourtant de croire que la Commission Centrale de Contrôle *telle qu'elle fut conçue*, est une famille trop distinguée pour expliquer aussi facilement le séjour aussi prolongé dans son sein d'un « monstre » aussi exceptionnel. Mais il ne s'agit pas seulement de cela. Car enfin tout le trust de la Kardolenta, tout au moins toutes les sommités de celui-ci, connaissaient les exploits artistiques de Malakhov. Ceux qui étaient liés avec lui dans la vie quotidienne en avaient aussi connaissance. Ainsi, vraiment Malakhov n'avait donc ni amis, ni relations, ni intimes à la Commission Centrale de Contrôle ? Comment, dans ce cas, a-t-il pu arriver jusqu'à cette institution si élevée? Il n'y est pourtant pas tombé du ciel ? Il y en avait donc qui savaient et qui se taisaient, et ils étaient assez nombreux. Les collègues et les subordonnés se taisaient : les uns en profitaient, les autres avaient peur. Ils avaient doublement peur, car Malakhov est membre de la Commission Centrale de Contrôle. Et c'est lui qui décide. Malakhov avait par conséquent la possibilité de voler aussi longtemps, avec autant de variété et de succès qu'il le voulait, précisément parce qu'il était membre du Tribunal suprême jugeant les mœurs du Parti. Là voilà bien la dialectique du bureaucratisme !

Or, savez-vous que c'est ce même Malakhov qui nous a jugés et exclus, nous les oppositionnels ? Entre un pot de vin de plusieurs milliers de roubles et le déchaînement d'une orgie en compagnie de spéculateurs, il participait au jugement contre Rakovsky, I. N. Smirnov, Préobrajensky, Mratchkovsky, Serebriakov, Mouralov, Sosnovsky, Beloborodov, Radek, Grünstein et beaucoup d'autres, et les qualifiait de « traîtres à la cause du prolétariat ». C'est également Malakhov qui a exclu Zinoviev et Kamenev et qui, après leur repentir, les grâcia et les envoya au Centrosoyous (1). Voilà le tour que prend la « dialectique ! »

Je ne doute guère que, tandis qu'on jugeait Rakovsky ou Mratchkovsky comme traîtres au prolétariat, c'est Malakhov qui formulait les interventions les plus avides de sang. Déjà, au XIVᵉ Congrès, assis au Présidium, tout en observant Moïseenko qui avait été placé, avec quelques autres ventriloques ukrainiens, sur le premier banc, pour saboter de ses hurlements les discours des oppositionnels de Léninegrad, j'exprimai à mon voisin Kalinine l'hypothèse suivante : « Je ne sais pourquoi, celui-là (Moïseenko) montre tant de zèle ; je crains bien qu'il n'ait quelque chose à se reprocher ! » Ce n'était alors qu'une supposition bien risquée, par la suite, après contrôle, il se trouva

---

(1) Organe central des coopératives.

qu'il en était bien ainsi ; Moïseenko, qui a enrichi les procès-verbaux des Conférences et des Plenum par des phrases ordurières lancées contre l'Opposition, fait bien partie de la même religion malakhoviste. Plus d'une fois, au cours des dernières années, en me laissant guider par la supposition psychologique que j'indique plus haut, j'ai réussi à toucher le fond des choses. Si un homme de l'appareil braille avec trop d'arrogance, ment, calomnie et tend le poing vers l'Opposition, dans neuf cas sur dix c'est un malakhoviste qui bluffe pour dissimuler son affaire. Voilà ce que c'est que la dialectique...

Vous avez l'audace d'affirmer que les choses resteront dans l'état où elles sont : « Ce n'est pas nous qui avons commencé, ce n'est pas avec nous que cela finira. » Eh bien non ! C'est *nous* qui avons commencé. Ou plus exactement *vous*, c'est-à-dire le régime du Parti que vous soutenez. C'est le régime du bureaucratisme se suffisant à lui-même, *brutal et déloyal*. Vous souvenez-vous qui a donné cette définition ? Ce n'est pas quelque moraliste impuissant, mais bien le plus grand révolutionnaire de notre siècle. Le régime *déloyal*, voilà le plus grand des dangers. Certes, nous ne connaissons pas de normes de moralité immuables ni imposées du dehors. La fin justifie les moyens. Mais la fin doit être une fin de classe, révolutionnaire, historique ; alors les moyens ne peuvent pas non plus être déloyaux, malhonnêtes, répugnants. Car la déloyauté, la mauvaise foi, la malhonnêteté peuvent donner pour un temps des effets très « utiles » ; mais si elles sont appliquées pendant une longue période, elles rongent la base même de la force révolutionnaire de la classe, la confiance à l'intérieur de son avant-garde. On passe ainsi des citations truquées et de la mise sous le boisseau de documents authentique s,à l'officier wrangelien et à l'article 58. Il s'agit ici de nouveau de politique, avant tout de sauver le « prestige » politique ébranlé par toute une série de faillites opportunistes. Dans le trust de la Kardolenta, l'enjeu est moindre et les moyens sont proportionnés au but fixé. Mais si le Malakhov de la Kardolenta se protège en dévorant les autorités des yeux : « Vois-tu, je n'hésiterais pas à donner ma vie pour toi, mais toi protège-moi aussi. » La graine de la brutalité et de la déloyauté, si on la sème avec tant de méthode, finit par germer. Qui sème l'officier wrangélien récolte les Malakhov. Et si encore il n'en poussait qu'un seul ! Mais cette récolte rend au centuple et même davantage...

Lorsque vous aurez pensé à tout cela, quand vous aurez compris tout cela, nous pourrons alors causer d'une autre façon.

★

Puisque vous avez fait preuve de tant d'intérêt envers ma situation par rapport au Parti, permettez-moi de m'intéresser quelque peu à la vôtre. Vous parlez tout le temps du Parti, de sa majorité. Mais les pensées que vous exposez vous-même sont celles d'une fraction clandestine. Vous accusez le Comité Central d'avoir entraîné l'industrialisation sur le chemin trotskyste. C'est la voix de la fraction rykoviste, celle de droite. Vous affirmez que dans la politique agraire, le Comité Central a parlé au début de cette année le langage de l'Opposition. C'est ainsi que s'exprime Rykov en personne. Vous estimez que des fantaisies comme celle du Dniéprostroï constituent « une destruction criminelle de nos ressources ». Mais c'est le Comité Central, c'est-à-dire sa majorité qui ont à répondre de ces « fantaisies ». Les mesures exceptionnelles appliquées à la campagne ont d'après vous ébranlé l'alliance entre paysans et ouvriers pour toute une série d'années. Donc la politique de la majorité actuelle du Comité Central ne vaut absolument rien. En d'autres termes vous sapez en plein la direction du Parti. Seulement votre sape conduit vers la droite, dans l'esprit des hommes politiques que Staline commence à désigner vaguement sous le terme de « philosophes paysans ». Je ne sais pas si vous faites partie, officiellement, de cette fraction. Mais tout homme adulte ne doutera pas

que votre lettre soit entièrement pénétrée des opinions et
de l'état d'esprit de ce groupement et qu'elle est tout à fait
oppositionnelle, c'est-à-dire *oppositionnelle de droite*. Vous
êtes un rykoviste. En tant que rykoviste, vous attaquez
l'Opposition, mais vous visez Staline. Comme dit le proverbe :
« Frappez l'un pour atteindre l'autre. »

Comment vous figurez-vous donc le développement ultérieur
des rapports existant entre la fraction rykovienne des « philosophes paysans », profondément enracinée dans le pays, et
la fraction stalinienne du milieu détenant entre ses mains
l'appareil ? La polémique secrète de Staline contre Froumkine
rappelle les premiers pas de la lutte entre les gauches et le bloc
centre-droite. Naturellement, au point de vue officiel, c'est
l'unanimité qui règne. On raconte même que pour en donner
la preuve, on aurait distribué aux délégations du Congrès
un avertissement expliquant que les bruits concernant les
« prétendues » divergences au sein du Bureau Politique sont
inventés par les trotskystes. Mais ce n'est là qu'une copie
d'écoliers singeant des modèles illustres. En Avril 1925, le
Comité Central envoya à toutes les organisations du Parti
une circulaire avertissant que les bruits de divergences au
sujet de la question paysanne au sein du « noyau léniniste »
sont mis en circulation toujours par les mêmes trotskystes.
Pourtant, la majorité des oppositionnels n'a compris que
par cette circulaire qu'il existait certains différents bien
sérieux puisqu'il fallait les démentir par cette voie.
L'auteur de cette circulaire fut, me semble-t-il, Zinoviev qui,
à peine quelques mois plus tard, eut à signer des documents
d'un tout autre genre. Ne pensez-vous pas qu'ici aussi l'histoire
peut se répéter un peu ? Un certain homme intelligent a dit
un jour que lorsque l'histoire se donne la peine de se répéter,
elle substitue d'ordinaire la comédie au drame, ou tout au
moins introduit dans celui-ci des éléments burlesques.

Il faut bien dire que si dramatique que soit l'ambiance
générale, les assertions réchauffées faites au sujet du mono-

lithisme résonnent comme un comédie assez piteuse, à laquelle personne ne croit, ni acteurs, ni spectateurs. D'autant plus que le dénouement doit se produire d'ici quelques mois qui ne sont pas tellement éloignés. La fraction des « philosophes paysans » est forte dans le pays, mais elle craint le Parti, son noyau prolétarien. Elle ne parle pas à haute voix, tout au moins publiquement. Jusqu'à présent, les thermidoriens ne prennent cette liberté qu'en conversation particulière ou dans des lettres, la vôtre par exemple.

Je ne sais si, dans un avenir proche, la bataille éclatera au grand jour, ou si, en attendant, elle se développera sous le boisseau dans un ordre monolithique et bureaucratique. C'est pour cela aussi que je ne me charge pas de deviner quelle sera « la majorité » qui se formera à la prochaine étape. Mais vous, prenez-vous l'obligation de vous aligner d'avance d'après n'importe quelle « majorité », si même celle-ci ébranlait l'alliance entre paysans et ouvriers pour des années ? Ou bien avez-vous l'intention de lutter sérieusement contre la superindustrialisation, même au risque de changer brusquement de résidence ? Car les Yaroslavsky sont là. Ils ont entre leurs mains de grandes ressources, non pas certes dans le domaine des idées, mains des ressources qui en leur genre sont aussi efficaces, tout au moins jusqu'à nouvel ordre. Ils tenteront de vous étrangler, en appliquant au fond votre propre politique, en retardant simplement l'échéance fatale. Dans cette voie-là, contre vous ou bien avec vous, ils pourraient peut-être s'attendre à un succès complet si l'Opposition n'existait pas. Mais elle existe. Et vous aurez plus d'une occasion de vous en apercevoir.

★

Vous me demanderez : «Mais quelles sont donc vos conclusions » ? Nous avons exposé ailleurs les conclusions essentielles ; je ne les répéterai pas ici. Mais je ferai ici même quelques déductions particulières.

Le régime existant dans le Parti au cours des dernières
années a ramené pour ainsi dire celui-ci tout entier à l'état
d'illégalité. La fraction stalinienne arrange clandestinement
les affaires les plus importantes du Parti. Votre fraction, celle
de Rykov, agit par les mêmes méthodes illégales. Quant à
l'Opposition, inutile d'en parler puisqu'elle est Opposition.
Les seuls saints qui soient restés maintenant dans la légalité
du Parti sont probablement Zinoviev et Safarov... Si ce sont
là des saints, que sont les pécheurs ? Mais si, en unissant nos
efforts, nous ramenions le Parti dirigeant à une situation
légale ? Vous demanderez : par quel moyen ? Très simplement :
en rendant au Parti ses droits.

Il faut commencer par réduire brutalement (environ
de vingt fois) le budget du Parti qui s'est monstrueusement
accru, et qui est devenu la base financière de l'arbitraire
bureaucratique dominant le Parti. Il faut que celui-ci ait
un budget propre qui soit sévèrement contrôlé et dont il
rende compte. Les dépenses révolutionnaires secrètes doivent
être vérifiées chaque année par une Commission spéciale
du Congrès.

Il faut préparer le XVIᵉ Congrès de telle façon que, se
distinguant par là du XVᵉ, du XIVᵉ et du XIIIᵉ, il soit un
Congrès du Parti et non pas le Congrès d'un appareil fractionnel. Avant le Congrès, le Parti doit entendre toutes les
fractions entre lesquelles il est éparpillé grâce au régime des
dernières années. Les siffleurs, les destructeurs, les fascistes
doivent être, d'un commun accord, envoyés pour travailler
dans les nouveaux domaines soviétiques, mais sans leur appliquer l'article 58. Puisqu'il y a encore bien du chemin à faire
avant d'arriver à la véritable libération du Parti, il faut introduire le vote secret dans toutes les élections préparant le XVIᵉ
Congrès.

Voici les propositions strictement pratiques dont la
réalisation donnerait au noyau prolétarien la possibilité de
faire comparaître à la barre, non seulement les droitiers, ma

aussi les centristes qui constituent le soutien principal de l'opportunisme dans le Parti.

Vous voyez maintenant quelles conséquences inattendues découlent du... Dnieprostroï.

Alma-Ata, le 12 septembre 1928.

TABLE

CE VOLUME A ÉTÉ ACHEVÉ D'IMPRIMER
POUR LES ÉDITIONS RIEDER, EN
JUIN M.CM.XXIX PAR L'IMPRIMERIE
DES PRESSES UNIVERSITAIRES DE
FRANCE. — VENDOME-PARIS